세상에서 가장 재미있는

81가지 심리실험

일과 휴식편

출판은 사람과 나무 사이에서 이루어지는 가치 있는 일입니다.
도서출판 사람과나무사이는 의미 있고 울림 있는 책으로 독자의 삶을
좀 더 풍요롭게 만들기 위해 최선을 다하겠습니다.

세상에서 가장 재미있는

81가지 심리실험

적게 일하고,
많이 쉬고,
크게 얻는 효과적인 방법

나이토 요시히토 지음
서수지 옮김

사람과
나무사이

저자 서문

이그노벨상보다 톡톡 튀고 재미있는 81가지 심리학 이야기

뛰어난 업적을 남긴 과학 연구에 주는 세계적 상이라고 하면 뭐니 뭐니 해도 노벨상이 유명하다. 이 노벨상을 패러디한 '이그노벨상(Ig Nobel Prize)'이라는 것이 있다. 1991년에 시작되어 30여 년 역사를 지닌 이그노벨상은 노벨상처럼 엄숙하고 진지하지 않으며 노벨상만큼 유명하지도 않지만, 사람들을 즐겁게 해 주는 독특한 연구에 주는 상이다.

이그노벨상의 과거 수상 이력을 잠시 살펴보자. 1992년 이그노벨 의학상은 발 냄새 원인을 과학적으로 규명한 일본 시세이도 연구팀에 돌아갔다. 발 냄새가 나게 하는 화학적 요인

뿐 아니라 자신에게 발 냄새가 난다고 느끼는 심리적 요인도 발 냄새에 영향을 끼친다는 사실을 과학적으로 입증한 연구였다. 1993년 이그노벨 생물학상은 돼지가 달릴 때 흩뿌려지는 배설물을 통해 전파되는 살모넬라균을 연구한 폴 윌리엄스 주니어(Paul Williams Jr.)와 케네스 뉴얼(Kenneth W. Newel)이 받았다. 1994년 이그노벨 수학상은 얼마나 많은 사람이 지옥에 갈지를 계산한 미국 앨라배마주의 서던밥티스트 교회가 받았다. 쓱 훑어보기만 해도 하나같이 별난 연구라는 것을 알 수 있다.

참고로 2018년 이그노벨상 경제학상은 부두 인형(부두교에서 사용하는 저주를 거는 짚 인형)을 활용한 업무 효율성 증대와 경제적 영향성의 상관관계를 연구한 연구팀에 돌아갔다. 놀랍게도 부두 인형은 효과가 있었단다. 고압적인 상사에게 당했을 때 부두 인형을 활용하면 속이 시원해져 어느 정도 업무 효율이 향상되고 경제적으로도 도움이 되었다는 것이다.

세상은 넓고 별난 주제를 진지하게 파고들어 연구하는 괴짜도 많다. 별난 주제를 파고드는 데 있어 심리학 또한 결코 뒤지지 않는다. 그러나 시중에 나온 심리학 서적은 지나치게 교과서 같으며 따분한 고전 연구로 채워져 있어 독자를 질리게 만드는 경향이 있다.

그래서 나는 이그노벨상처럼 톡톡 튀는 재미난 소재만 모은 책을 쓰고 싶었고, 실제로 전작 『세상에서 가장 재미있는 88가지 심리실험 – 자기계발편』을 출간했다. 심리학이라는 학문이 이렇게 재미있는 분야를 연구하는 학문이었다는 사실을 알리고 싶은 목적으로 책을 썼는데 예상 밖의 반향과 호평을 얻었다. 전작을 읽고 재밌는 이야기가 더 없냐는 질문도 많이 받았다. 그래서 심리학 전문지에 발표된 논문을 샅샅이 뒤져 또 한 권의 책을 완성했다.

흔히 전편보다 뛰어난 속편은 없다고들 말하는데, 이 책은 그 징크스를 깼다고 감히 주장하고 싶다. 이 부분에는 나름대로 자신이 있다. 자료 조사에 전작보다 몇 배나 많은 시간을 들였고 고르고 솎아내고 추려낸 알짜만 모았기 때문이다. 절대 재미없는 책을 사느라 헛돈을 썼다는 생각이 들지 않는 책이라고 자신한다. 지루한 심리학 책을 읽다 질렸다면 속는 셈 치고 꼭 이 책을 읽어 보자.

자, 그렇다면 이번 책은 어떤 내용으로 채워졌을까?

- 사람은 알파벳 V 모양을 보기만 해도 공포를 느낀다?
- 키가 크고 싶다면 코미디 영화를 보는 게 효과적이다.
- 간호사는 '백의의 천사'라는 이미지가 강한데, 알고 보면 직장

내 괴롭힘이 유독 심한 직종이다.

- 현대인이 다운로드에서 기다릴 수 있는 시간은 고작 2초.
- 분신사바로 영혼을 부를 때 연필이 저절로 움직이는 느낌은 착각.
- 진통제로 마음의 아픔도 치료할 수 있다.
- 포동포동한 우량아는 머리가 좋다.

책장을 넘겨서 결론을 보고 싶어 손이 근질거리지 않는가? 하나같이 이그노벨상 후보에 오를 만한 괴상한 연구와 실험이다. 물론 별난 연구를 안다고 해서 사는 데 무슨 보탬이 되겠냐는 생각이 들 수 있다. 내 삶을 백팔십도로 변화시킬 것이라고는 할 수는 없다. 그러나 독자 여러분의 지적 호기심은 충분히 자극할 수 있을 터이니, 밑져야 본전, 일단 한번 읽어 보자!

부디 끝까지 함께해 주시기를.

차 례

CHAPTER 4 '월요병'은 과연 존재할까?

CHAPTER

5 연봉을 높이고 싶다면 자존감부터 높여라

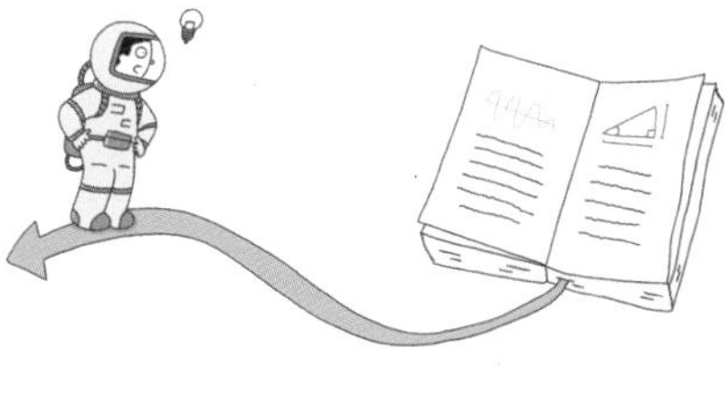

마음
읽기
?

CHAPTER

1

업무 성과, 사업 성공도 '마음 읽기'부터

심리
실험
01

행복한 기분일 때 생산성이 눈에 띄게 향상될 수밖에 없는 심리학적 근거는?

영국 워릭대 앤드류 오즈월드 교수의 '행복한 기분과 생산성의 연관관계 실험'

"직원이 행복하면 회사의 생산성이 높아진다." 많이 들어본 말이다. 즐겁고 행복한 기분이 들면 일할 때에도 능률이 올라가 생산성도 향상될 것이라는 논리다. 과연 진짜 그럴까?
영국 워릭대학교 앤드류 오즈월드 교수는 700명의 참가자를 대상으로 재미있는 '코미디 영상'을 보여 주거나 과일 · 초콜릿 등 맛있는 '디저트'를 먹인 후 단순 계산 작업을 하게 하는 실험을 했다. 이후 연구팀은 코미디 영상을 보지 않거나 디저트를 먹지 않은 상황에서 실험 참가자가 문제를 푼 결과와 비교 분석했는데, 12퍼센트 정도 성과가 향상되었음을 확인했다.

경제·경영 서적을 읽다 보면 "직원이 행복한 회사일수록 생산성이 높다"는 문구가 흔히 등장한다. 일하는 사람이 행복하면 직장에서도 신바람 나서 일하고, 그러면 능률이 올라가 자연스럽게 생산성이 높아진다는 식의 논리다. 그런데 과연 현실에서 이를 뒷받침하는 결과를 찾을 수 있을까? 심리학자는 궁금한 건 참지 못하는 사람들이다. 바로 실험에 나서서 확인했다.

영국 워릭대학교 앤드류 오즈월드(Andrew Oswald) 교수는 '행복한 기분일 때 정말로 생산성이 올라갈까?'라는 가설을 확인하기 위해 반복적으로 수 차례 실험을 진행했다. 참가자가 700여 명에 달한 대규모 연구였다.

연구팀은 실험 참가자가 즐거운 기분을 느낄 수 있도록 첫 번째 실험과 두 번째 실험에서는 '코미디 영상'을 활용했다. 참가자는 10분가량 웃긴 영상을 보고 나서 두 자리 숫자 다섯 개를 더하는(31+51+14+44+87=?) 단순한 계산 작업을 수행하기만 하면 되었다. 이 실험에서는 최대한 빠르게 많은 문제를 풀도록 지시했다. 정답을 맞힐 경우 보수로 한 문제당 0.25유로(350원 정도)를 지급했기에 참가자들은 진지하게 문제 풀이에 집중했다. 연구팀은 정답률로 생산성을 측정했다.

실험 결과, 코미디 영상을 보고 신나게 웃고 나자 정답률이 상승했다. 다시 말해 생산성이 향상된 것이다. “즐거운 기분을 느낄 수 있다면 생산성이 높아진다”라는 가설은 이로써 사실로 입증되었다.

가설을 검증한 연구팀은 변수를 바꾸어 실험에 나섰다. 세 번째 실험에서는 실험 참가자에게 과일과 초콜릿을 제공하고, 참가자가 달콤한 간식을 먹고 나서 행복한 기분이 들었을 때 어떤 변화가 생기는지 관찰했다.

달콤한 음식을 먹고 난 후에도 역시 생산성이 올라갔다. 코미디 영상이든 맛있는 음식이든 행복한 기분을 느끼게만 한다면 그 방법은 무엇이든지 상관없는 모양이었다. 오즈월드 교수의 실험으로 어떤 형태로든 행복함과 즐거움을 느낄 수 있게 해 주면 직원의 생산성이 12퍼센트 정도 향상된다는 사실이 밝혀졌다.

만약 내가 회사 경영자라면 직원의 행복을 최우선 과제로 삼겠다. 밝고 즐거운 기분이라면 힘들고 지루한 일이라도 잘 견디며 해낼 수 있다는 생각이 들 것이기 때문이다.

“빈둥빈둥 놀라고 월급 주는 줄 알아? 농땡이 부릴 생각 말고 일해!”

“할 일이 없으면 찾아서라도 해야지!”

일하라고 버럭버럭 소리를 지르고 들들 볶지 않아도, 일하는지 빈둥대는지 감시하지 않아도, 일하는 사람이 즐거우면 생산성은 저절로 높아지기 마련이다.

생산성을 높이기 위해 재미있는 이벤트를 벌인 회사가 있었다. 월요일부터 금요일까지 한 번도 지각하지 않고 출근한 직원에게는 매일 트럼프 카드를 한 장씩 주었다. 월요일부터 금요일까지 하루도 쉬지 않았다면 카드 다섯 장을 모을 수 있다. 그렇게 모은 카드로 포커를 해서 제일 높은 점수를 낸 직원에게 보너스를 지급했다. 이렇게 즐기면서 일할 수 있는 시스템을 만들었더니 생산성이 향상되었다고 한다.

어차피 일해야 한다면 다 같이 신나게 즐기며 일하는 게 서로 행복하지 않을까. 즐기면서 일할 수 있는 분위기를 만들어 주는 상사나 경영자 아래에서라면 일하는 사람이 힘내어 일할 수 있을 것이다.

어차피 일을 해야 한다면 다 같이 신나게 즐기며 일하는 게 서로 행복하지 않을까. 즐기면서 일할 수 있는 분위기를 만들어 주는 상사나 경영자 아래에서라면 일하는 사람도 기꺼이 힘낼 것이다.

심리 실험 02

학습(일)과 학습(일) 사이에 '수면'을 끼워 넣으면 재학습에 드는 노력이 절반으로 줄어든다고?

프랑스 클로드베르나르 리옹1대 스테파니 마자 교수의 '수면과 학습의 상관관계 실험'

중요한 시험을 앞두고 몇 시간씩 책상 앞에 앉아 집중하거나 수많은 정보를 습득하고 기억한 것을 바탕으로 논리적 해결 방법을 찾아가는 등 치열하게 공부하고 나면 머릿속이 가득 찬 듯하다. 이렇게 뇌를 혹사한 날에는 잠들기 전에 마치 머리에 산뜻한 기운을 넣어 주듯 기분 전환이 필요하다는 생각이 든다. 그래서 잠자리에 누워서도 게임을 하거나 동영상을 보는 등 공부와 전혀 상관 없는 일을 하다 잠들곤 한다. 그런데 이런 방식이 애써 한 공부에 조금도 도움이 되지 않는다는 실험 결과가 있다.
프랑스 클로드베르나르 리옹1대학교 스테파니 마자 교수와 연구팀은 대학생 40명을 두 그룹으로 나누어 어려운 스와힐리어 단어를 완벽하게 외우는 학습 실험을 진행했다. 두 그룹 중 한 그룹에는 학습 사이에 수면 시간을 끼워 넣었다. 과연 수면은 학습에 어떤 영향을 미쳤을까?

책상 앞에 앉아 엉덩이가 뻐근할 때까지 공부하여 머릿속이 꽉 찼다는 느낌이 드는 날이 있다. 이렇게 녹초가 된 채 하루를 마감할 때 사람들은 잠시 기분 전환을 하고 싶어진다. 게임을 하거나 웹툰 또는 동영상을 보거나 각자 좋아하는 일을 즐기며 멍하니 시간을 보내고 나서 잠자리에 들곤 하는 것이다. 한껏 뜨거워진 머리를 충분히 식힌 후 잠 속으로 빠져드는 식이다.

하지만 이 방식을 그다지 권장하고 싶지는 않다. 열심히 공부하고 나서는 딴짓을 하지 말고 바로 잠자리에 들어 꿈나라로 떠나는 게 정답이다. 모처럼 열심히 공부해서 외운 내용이 기억에 정착되려면 잠이 필요하므로 바로 잠자리에 드는 게 효과적이라는 사실이 학습 실험을 통해 밝혀졌다.

기껏 공부해 놓고 게임을 하거나 동영상을 보면 게임과 영상의 내용이 머릿속에 들어온다. 열심히 공부한 상태 그대로 잠이 들면 쓸데없는 정보가 머릿속에 들어오지 않는다. 또 깨어 있을 때는 부지런히 외운 내용이 자꾸 망각의 영역으로 사라지지만, 잠이 들면 망각 곡선을 지연시킬 수 있다.

프랑스 클로드베르나르 리옹1대학교 뇌과학연구소의 스테

파니 마자(Stéphanie Mazza) 교수와 연구팀은 “재학습은 짧고 기억 보존은 길다”라는 수면의 중요성을 밝히는 논문을 발표했다. 연구팀은 대학생 40명을 두 그룹으로 나누어 스와힐리어 단어를 완벽하게 외울 때까지 두 차례씩 학습시켰다. 조건은 다음과 같은 두 가지로 설정했다.

A 그룹: 아침 9시에 기억 → 12시간 경과 → 같은 날 밤 9시에 다시 한 번 학습

B 그룹: 밤 9시에 기억 → 12시간 경과 → 다음 날 아침 9시에 다시 한 번 학습

연구팀은 일주일 후와 6개월 후에 스와힐리어를 어느 정도 기억하고 있는지 테스트했다. 그러자 B 그룹, 즉 학습과 학습 사이에 수면을 끼워 넣은 그룹 학생들의 경우 재학습에 걸린 시간이 절반으로 줄어들었다. 일주일 후에도 6개월 후에도 A 그룹에 비해 B 그룹 성적이 좋다는 사실을 밝혀냈다.

고등학생 시절, 선생님이 공부하고 나서는 딴짓하지 말고 바로 자라고 누누이 말씀하셨다. 당시에는 근거가 있는 말인지 의심했는데 실제 실험으로 그 효과를 밝혀 낸 연구를 알게 되었다. 선생님이 그럴듯한 말을 지어내 잔소리하신 게 아니었다.

Z
Z
z

공부를 열심히 한 후에는 머리를 식힐 겸 노력한 자신에게 보상도 줄 겸 뭔가 다른 일을 하다 잠들고 싶다. 그냥 자면 억울하고 손해를 보는 기분이 들기도 한다. 그러나 공부하고 나서는 엉뚱한 데로 새지 말고 바로 잠을 자야 한다. 그렇지 않으면 기껏 공부한 내용이 머릿속에 남아 있지 않게 된다. 조금 아쉬운 마음이 들더라도 공부를 마치면 바로 잠자리에 들어 쿨쿨 자는 게 학습 효과를 높이는 비결이다.

심리 실험 03

술 마시는 사람의 수입이 술 마시지 않는 사람보다 평균 10퍼센트나 높은 이유

애널리시스 그룹 연구원 베서니 피터스와
미국 산호세주립대 에드워드 스트링엄 교수의
'음주와 수입의 관계 연구'

술을 많이 마시는 것은 백해무익한 일 아닐까? 어쩌다 가볍게 한잔 하는 것이 아닌, 주위에서 '술꾼' 소리를 들을 정도로 허구한 날 마셔 대는 술이라면 신체적 · 정신적 건강을 해치는 안 좋은 것이라는 데 누구나 동의할 것이다. 그런데 이런 술과 관련된 놀라운 연구 결과가 있다.

글로벌 컨설팅 업체 애널리시스 그룹 연구원 베서니 피터스와 산호세주립대학교 에드워드 스트링엄 교수는 이렇게 단언한다. "술을 마시지 않는다고요? 이런, 그렇다면 당신은 성공하기 쉽지 않겠군요." 전 세계 애주가를 환호하게 만든 이 주장의 근거를 들어 보자.

미국 텍사스주 댈러스의 글로벌 컨설팅 업체인 애널리시스 그룹(Analysis Group) 연구원 베서니 피터스(Bethany L. Peters)와 미국 캘리포니아주 산호세주립대학교의 에드워드 스트링엄(Edward P. Stringham) 교수는 "술꾼이 아니라고요? 그렇다면 당신은 실패할 수 있습니다: 왜 술꾼이 술을 마시지 않는 사람보다 더 많은 돈을 벌까(No Booze? You May Lose: Why Drinkers Earn More Money Than Nondrinkers)"라는 충격적인 제목의 논문을 2006년에 발표했다.

술꾼일수록 부자가 될 수 있다고? 전 세계 애주가들이 환호성을 내지를 만한 엄청난 소식이다! 일반적으로 술을 잔뜩 마시면 의식이 몽롱해지고 건강에도 해롭다는 게 상식이다. 실제로 신나게 술을 마신 다음 날에는 숙취에 시달리느라 일이 손에 잡히지 않는다. 머리는 깨질 듯 아프고 속이 쓰리고 울렁거린다. 그런데 술을 마시면 돈을 더 많이 벌 수 있다니, 듣던 중 반가운 말이지 않은가.

놀랍게도 "술을 마시는 사람일수록 수입이 높다"라는 것은 확실한 근거가 있는 주장이다. 통계 자료에 따르면, 술 마시는 사람은 술을 마시지 않는 사람보다 무려 10퍼센트 이상 수입이 높다. 그렇다고 술에 들어 있는 알코올 성분이 업무에 도움을 주는 어떤 작용을 하는 것은 아니다. 술은 마법의 물약이 아니다.

피터스와 스트링엄의 주장은 이렇다. 술이 아니라 술자리가 '인맥 확장'에 도움이 된다는 것이다. 좀 더 그럴듯하게 바꿔 말하면 '술자리가 '사회적 자본'이 될 수 있다'는 얘기다.

최근 혼자 술을 마시는 사람이 늘어나는 추세라지만 대개는 사람들과 어울려 시끌벅적한 분위기에서 술잔을 주거니 받거니 하며 술을 마시곤 한다. 요컨대 '술을 많이 마신다'는 말은 '많은 사람을 만난다'는 말로 바꿀 수 있다. 이는 곧 인맥 네트워크가 확장될 수 있다는 말이며, 인맥이 넓어지면 당연히 비즈니스 기회가 늘어나 결과적으로 수입이 늘어날 수 있다.

연구팀은 술을 즐길수록 수입이 높아지는 현상을 일컬어 '드링커스 프리미엄(The Drinkers Premium)'이라고 했다. 술을 마시는 사람은 10퍼센트의 드링커스 프리미엄이 붙은 수입을 얻을 수 있고, 술을 마시러 자주 밖으로 나가는 사람은 여기에 더해 연 수입이 7퍼센트 늘어날 수 있다는 것이 연구팀의 결론이다.

다만 한 가지 주의사항이 있다. 어디까지나 '인맥 형성'에 도움이 되는 술자리여야 한다는 것이다. 늘 정해진 술친구와 어울려 마시는 경우 술은 수입을 늘려 주지 않는다. 어차피 술을

WINE

마실 바에야 매일 술잔을 주고받는 퇴근길 동무보다는 다른 부서 사람들이나 다른 사회 집단에 속한 사람과 마시자. 혼자 바에 가서 모르는 사람과 세상 돌아가는 이야기를 나누며 마셔도 좋다.

술을 마시며 덤으로 네트워크를 형성함으로써 프리미엄을 챙길 수 있다. 그저 술이 좋아 혼자 집에서 마시거나 정해진 사람들과 마시는 것은 수입을 늘리는 데 전혀 도움이 되지 않는다는 것을 잊지 말자.

심리 실험 04

어려운 문제에서 물리적 거리를 두는 것만으로도 풀이가 한결 쉬워진다고?

미국 코넬대 마노즈 토머스 교수의
'물리적 거리가 업무에 미치는 영향 실험'

어려운 수학이나 물리 문제를 마주했을 때 그 문제 속으로 들어가면 해법을 찾을 수 있을 것만 같아서 책이나 노트에 고개를 파묻으며 집중하곤 한다. 회사에서 복잡한 문제를 해결해야 할 때에도 온통 그 문제에 사로잡혀 몇 시간이고 자리에서 일어나지도 않은 채 컴퓨터 모니터를 뚫어져라 응시한다. 복잡하고 어려운 문제에 맞닥뜨렸을 때 이러한 '집중' 방법이 과연 효과적일까? 미국 코넬대학교 마노즈 토머스 교수는 학생들에게 까다로운 작업을 수행하게 하면서 서로 다른 자세를 취하게 했다. 한 그룹은 모니터와 최대한 가까운 거리를 유지하고, 다른 그룹은 모니터와 최대한 먼 거리를 유지하게 한 것이다. 과연 물리적인 거리와 어려운 작업을 수행하는 학생들의 심리 사이에 유의미한 영향 관계가 있었을까?

수학이나 물리 문제를 풀 때는 고개를 살짝 뒤로 젖히는 게 좋다. 쉽게 말해 책에 고개를 파묻지 말고 고개를 들어 문제지와 물리적으로 거리를 두라는 말이다. 그러면 도저히 풀리지 않을 것 같던 문제가 생각보다 쉽게 느껴질 수 있다. 평소에는 풀 엄두가 나지 않을 정도로 까다로운 문제도 척척 풀릴 수 있다. 물리적으로 거리를 두면 심리적 여유가 생기기 때문이다.

미국 코넬대학교 마노즈 토머스(Manoj Thomas) 교수는 대학생 92명에게 단어를 보여 주고 나서 그 단어를 소리 내어 읽는 작업을 수행하게 했다. 화면에 나오는 단어는 연구자가 임의로 만들어 낸 발음하기 까다로운 단어로, 예를 들면 Meunstah 같은 것이었다.

실험에 참여한 학생에게는 각각 지시가 내려졌다. 다음 두 가지 자세 중 하나를 취하라는 것이다. 얼굴을 화면에 최대한 가까이 가져다 대고 보는 자세 또는 의자 등받이에 기댄 채 얼굴을 화면에서 최대한 멀리 떨어뜨려서 보는 자세. 학생들은 이 둘 중 하나의 자세로 작업을 수행한 후 발음하기 까다로운 정도에 따라 점수를 매기면 되었다. '매우 쉽다'고 느꼈으면 '+3점', '매우 어려웠다'고 느꼈으면 '-3점'을 주는 식이었다.

어떤 결과가 나왔을까? 얼굴을 화면에서 멀찌감치 떨어뜨려 놓고 작업한 학생들이 얼굴을 가까이 두고 작업한 학생들보다 문제가 쉬웠다고 답했다. 얼굴을 멀리 두고 작업하는 조건에서는 -0.88점, 얼굴을 가까이 두고 작업한 조건에서는 -1.31점이 나왔다.

어려운 작업을 할 때는 물리적 거리를 최대로 두는 게 좋다. 그러면 심리적 거리도 멀어져 불안 발작을 일으키지 않고 여유 있게 눈앞의 작업에 집중할 수 있기 때문이다.

회사에서 까다로운 업무를 처리할 때도 컴퓨터 모니터에 코가 닿을 정도로 가까이 다가가면 점점 초조해진다. 이런 때일수록 문제와 떨어져 집중할 수 있도록 거리를 두는 게 현명하다. 거리를 두고 보면 예상했던 것보다 쉽게 문제를 처리할 수 있다는 생각이 들 수 있다. 물리적으로 거리를 두면 그만큼 문제에 휩쓸려 들어가지 않을 수 있다. 그러면 살짝 떨어진 곳에서 관찰하며 냉정하고 객관적으로 문제에 집중해 해법을 찾기 쉬워지는 것이다.

까다로운 작업이라 일에 진척이 없을 때는 자리에서 일어나 잠시 화장실에 다녀오거나 커피를 사러 나가 머리를 식히며 거리를 두는 방법이 효과적일 수 있다. 잠깐의 거리 두기로 문제를 해결할 수 있는 실마리를 찾을 수 있으니 기회가 있을 때 시험해 보자.

c
a
b

E = mc²
A
B

심리 실험 05

나쁜 습관을 강화하는 '충동'이 일어날 땐 뇌 속에 '빨간 신호등'을 켜라

미국 뉴욕주립대 올버니의 마크 머레이븐 교수의 '정신력(self-control) 단련 실험'

"아, 나는 성격이 급하고 참을성이 부족해. 아버지처럼 말이지. 역시 유전적 힘은 거스를 수가 없나 봐."

흔히 우리는 의지력이나 자기 통제력 같은 정신적 능력을 타고나는 것으로 여긴다. 그래서 '선천적 능력 부족이라면 어쩔 수 없잖아?'라며 순순히 받아들이고 개선을 위해 노력할 의지 같은 것은 꿈도 꾸지 않곤 한다.

그런데 진짜 그럴까? 정신력은 학습으로 결코 훈련되지 않는 것일까?

뉴욕주립대학교 올버니의 마크 머레이븐 교수는 '그렇지 않다'라고 말한다. 즉 정신력은 몸의 다른 근육과 마찬가지로 훈련을 통해 얼마든지 단련할 수 있다는 것이다. 더군다나 그 훈련 방법은 의외로 단순하다고 한다! 귀가 솔깃해지는 이 방법을 구체적으로 알아보자.

의지력, 정신력, 자기 통제력 같은 것은 타고나는 것일까? 만일 이들이 선천적 능력이라면 의지가 약하고 매사에 참을성이 부족한 사람은 평생 참을성 없는 사람으로 살아야 한다. 그런데 이러한 정신적 능력도 학습으로 훈련할 수 있는 것이라면 적절히 훈련하여 근육처럼 단련할 수 있지 않을까?

정신력은 태어날 때부터 가지고 태어나는 능력일까, 아니면 태어난 후에 얻을 수 있는 능력일까? 심리학 연구에 따르면, 정신력은 후천적으로 학습하여 습득할 수 있는 능력이다. 우리 정신력은 단련하려고 마음먹으면 얼마든지 단련할 수 있다는 것이다.

미국 뉴욕주립대학교 올버니 심리학과의 마크 머레이븐(Mark Muraven) 교수는 정신력(self-control)을 연습으로 단련할 수 있음을 실험으로 확인했다.

정신력 단련이라니, 피와 살을 깎는 노력으로 가능하다는 것일까? 그렇지 않다. 정신력 훈련 방법은 의외로 어렵지 않다. 일상적으로 어떤 충동이 일어날 때 그 충동을 잠깐 억제하기만 하면 된다. 매일 조금씩 꾸준히 충동을 억제하는 과정에서 정신력이 단련되는 것이다.

'담배 한 개비 피울까?'

담배를 즐기는 사람이라면 하루에도 몇 번씩 담배 생각이 간절해지곤 하는데, 그럴 때마다 다음과 같이 생각하는 것이다.

'딱 5분만 참자.'

'10분만 참아 볼까?'

이런 식으로 담배를 피우고 싶은 욕구를 잠깐 억제하기만 해도 정신력을 단련할 수 있다. 본능적 충동에 아무 생각 없이 이끌려가지 않음으로써 '나의 충동을 나의 의지로 억제하는' 것이 훈련된다.

머레이븐 교수는 실험 참가자들에게 '달콤한 음식이 먹고 싶다'라는 마음이 일어날 때 '오늘은 참고 내일 먹자'라는 식으로 조금씩 참는 훈련을 2주에 걸쳐 시행했다. 2주간 훈련 후 실시한 자기 통제력 테스트 결과, 실험 참가자들의 자기 통제력이 눈에 띄게 향상된 것을 확인할 수 있었다. 훈련은 대성공이었다.

또 다른 훈련. 악력기를 하루에 두 번 쥐게 하면서 너무 힘들어 '이제 그만하고 싶다'라는 생각이 들더라도 조금 더 힘 내서 악력기를 쥐게 했다. 이번에도 대성공이었다.

일상의 다양한 상황에서 잠깐씩 참을성을 발휘해 보자. 예상과 달리 큰 효과를 얻을 수 있다. 에스컬레이터가 있더라도 계단으로 올라가거나 전철 안에서 자리가 나더라도 앉지 않고 바른 자세로 서 있는 것 등은 일상에서 쉽게 할 수 있는 훈련이다. 이는 계단을 올라감으로써 '걷는 훈련'이 되고 바르게 서 있음으로써 '코어 단련'이 될 뿐 아니라 하고 싶지 않은 일을 꾹 참고 해내는 과정에서 정신력까지 단련될 수 있다.

일을 멈추고 쉬고 싶을 때 '15분만 더 힘내 볼까'라며 스스로 의지를 북돋워 보자. 이렇게 내가 하기 싫은 일을 참고 하는 과정에 정신력이 근육처럼 단련된다.

심리 실험 06

예약할 때 고객을 고생시키면 예약 취소율이 크게 떨어진다고?

영국 컨설턴트 스티브 마틴의 '예약 시간 잘 지키게 하는 방법'

최근 병원은 물론 미용실, 식당 등에 예약제가 보편적으로 자리 잡아가고 있다. 그러나 이러한 '약속'은 반드시 지키지 않아도 된다며 가볍게 여기는 경향이 있다. 일정을 변경해야 하거나 예약을 취소할 수밖에 없는 상황은 물론 생길 수 있다. 그럴 때는 미리 알리고 조정해야 하지만 제대로 지켜지지 않는다고 한다. 다른 고객은 물론 업체 운영에도 피해를 줄 수 있는 이러한 상황을 개선할 수 있는 효율적인 방법이 없을까? 영국 컨설팅 전문기업 인플루언스앳워크의 CEO 스티브 마틴은 이와 관련해 '예약할 때 수고를 감수하게 만들라'라는 해결책을 제시했다. 그의 해결책은 효과를 거두었을까?

많은 병원에서 진료 예약 시간을 제대로 지키지 않는 환자 때문에 골머리를 앓는다. 함께 정해 놓은 진료 시간을 멋대로 어기거나 연락조차 없이 병원에 오지 않는 환자가 흔하다고 한다. 그러다 보니 다른 환자에게 피해가 가는 것은 물론 병원 경영에도 차질이 생길 수밖에 없다.

영국 컨설팅 전문기업 인플루언스앳워크(Influence at Work)의 CEO 스티브 마틴(Steve Martin)은 약속을 지키지 않는 환자에 시달리는 병원의 고충을 듣고 해결 방법이 없을지 고심했다. 마침내 그는 다음과 같은 해결책을 제시했다. 즉, 환자 스스로 약속을 잘 지키게 하려면 '예약할 때 환자가 수고를 감수하게 만들라'라는 것이다.

환자는 쉽게 예약할 수 있기에 쉽게 예약을 깬다. 스티브 마틴은 진료 시간 예약하는 일이 번거롭게 여겨지면 환자가 예약을 중요하게 생각해 어떻게든 약속한 시간을 지키려고 노력하게 될 거라는 가설을 세웠다.

스티브 마틴은 병원에서 즉시 이 방법을 시도해 보았다. 그는 먼저 진료 예약을 할 때 약속 일시를 환자에게 따라서 말하도록 지시했다.

"환자분, 예약 확인 부탁드립니다. 저를 따라서 말해 주세요. 26일 금요일, 오후 2시 15분. 자, 따라 해 보세요."

그러자 다음 달에 진료 예약 시간을 어기는 환자가 3.5퍼센트 줄어들었다. 그러나 3.5퍼센트는 그다지 만족스럽지 않은 수치다. 병원 측은 환자를 조금 더 귀찮게 만들기로 했다.

"다음 진료는 화요일 오전 10시 35분입니다. 이 예약번호를 기억하세요. 194836."

예약번호를 적은 종이를 건네며 환자에게 번호를 외우라고 지시했다. 환자는 예약번호를 따로 챙겨 두어야 하니 아무래도 번거롭고 귀찮다. 이러한 성가신 작업을 추가하자마자 예약 시간을 지키지 않는 사람이 18퍼센트나 줄어들었다. 작전이 성공한 셈이다.

약속 시간을 지키게 하고 싶다면 일부러 귀찮은 단계를 추가해 보자. 예를 들어 수시로 약속을 어기거나 시간을 지키지 못하는 친구에게는 "집에서 나올 때 나한테 꼭 전화해!"라고 부탁하자.

"출발할 때 문자 메시지 보내."

남자 친구가 데이트 약속을 번번이 잊어버려 속상하다면 이렇게 한마디 덧붙이자.

"저녁에 식당 예약 인원 확인하는 전화 부탁해!"

직장 회식을 잊어버리고 시치미를 떼는 얄미운 사람에게는 귀찮은 임무를 맡기면 그만이다. 수고를 감수하게 만들면 예약을 무시하는 불상사를 어느 정도 미리 방지할 수 있다는 사실을 기억해 두자.

심리 실험 07

테가 있는 안경보다 테가 없는 안경을 썼을 때 더 지적으로 보이는 이유는?

오스트리아 빈대학 헬무트 레더 교수의
'안경이 인상에 미치는 영향 실험'

흔히 안경을 쓴 사람은 공부를 열심히 하고 또 잘할 것만 같은 인상을 준다. 실제로 그렇든 아니든 간에 안경을 쓰면 왠지 교양 있고 지적인 사람처럼 보이는 경향이 있다. 그런데 이러한 우리의 인식이 과연 근거 있는 것일까?

오스트리아 빈대학교 헬무트 레더 교수는 '안경을 끼면 지적으로 보인다'라는 우리 인식의 사실 여부를 확인해 보는 실험을 했다. 연구팀은 한 사람이 안경을 쓰지 않았을 때, 테가 있는 안경을 썼을 때, 테가 없는 안경을 썼을 때로 조건을 달리해서 각각 증명사진을 찍게 했다. 그러고는 스무 살에서 서른두 살 사이 남녀에게 증명사진을 보여 주며 지적인 인상을 평가해 달라고 요청했다. 어떤 결과가 나왔을까?

안경을 낀 사람에게서 지적인 느낌을 받을 때가 많다. 실제로는 특별히 공부를 많이 하거나 지적인 사람이 아니어도 안경을 쓰면 왠지 교양 있고 늘 책을 가까이하며 사는 사람 같은 분위기를 풍기는 경향이 있다.

안경은 우리 인상을 놀라울 정도로 변화시킬 수 있는 소도구다. 안경 하나만 걸치면 지적인 사람으로 보일 수 있으니, 다른 사람에게 머리 좋은 사람이라는 인상을 주고 싶다면 손쉽게 안경을 쓰면 된다. 드라마나 영화에서도 '지적인 인상'을 풍겨야 하는 학자나 전문가 등을 연기하는 배우는 대부분 안경을 끼고 등장한다. 이처럼 안경은 우리 인상에 제법 큰 영향을 미칠 수 있다.

오스트리아 빈대학교 헬무트 레더(Helmut Leder) 교수는 '안경을 끼면 지적으로 보인다'라는 우리 인식이 사실인지 확인해 보는 실험을 진행했다.

연구팀은 한 사람이 안경을 쓰지 않았을 때, 테가 있는 안경을 썼을 때, 테가 없는 안경을 썼을 때, 이렇게 조건을 달리해서 증명사진을 찍게 했다. 즉, 한 사람당 사진을 세 장씩 찍은 셈이다. 이때 안경은 패션 전문가의 조언을 받아 각자의 얼굴

형에 잘 맞는 디자인으로 골랐다. 자신에게 가장 어울리는 안경을 쓰고 사진을 촬영한 것이다.

그런 후 스무 살에서 서른두 살 사이 남녀에게 준비된 증명사진을 보여 주며 평가해 달라고 요청했다. 그러자 테가 없는 안경을 썼을 때 지적인 이미지와 신뢰도가 높아진다는 사실을 알게 되었다. 따라서 지적인 이미지를 연출하고 싶다면 테가 있는 안경보다는 테가 없는 안경이 도움이 될 것이라고 조언해 줄 수 있겠다.

"그런데 '안경잡이'라고 놀리기도 하고, 안경을 쓰면 좀 어리바리하고 꾸밀 줄 모르는 촌스러운 사람 같은 이미지가 있지 않나요?"

"안경을 쓰면 지적으로 보일지는 몰라도 매력적으로 보이지는 않아요."

"안경을 쓰면 공부벌레 같은 느낌을 줘요."

이렇듯 안경에 거부감을 느끼는 사람도 제법 있다. 이런 걱정을 덜어 주기 위해 연구팀은 추가 실험을 진행했다. 안경을 쓰고 있을 때와 안경을 쓰지 않았을 때 얼굴을 보고 느끼는 매력 정도를 각각 평가해 달라고 부탁했다. 그러자 안경에 대한 우리 선입관을 깨는 결과가 나왔다. 안경 때문에 덜 매력적으로 보인다는 결과는 도출되지 않았다. 즉, 안경테가 있든 없든 매력의 여부에는 같은 결과가 나왔다.

렌즈 낄 걸...
지적이야

물론 그래도 안경을 쓰기 싫을 수 있고 안경 쓰는 게 불편할 수 있다. 특히 여성은 안경을 쓰면 얼굴이 가려져 매력이 돋보이지 않는다고 생각하는 경우가 많다. 그러나 안경은 매력을 떨어뜨리지 않는다. 안경은 죄가 없다. 과학적인 실험으로 검증된 사실이다. 그러니 이제부터는 안경만 쓰면 못난이가 된다며 괜스레 안경을 탓하지 말자.

심리 실험 08

악수만 해 봐도 상대방의 성격을 정확히 알 수 있다?

미국 앨라배마대 윌리엄 채플린 박사의 '악수 강도 측정 실험'

우리가 의식적, 무의식적으로 짓는 표정은 물론 동작이나 몸짓 또는 패션에도 감정 상태와 성격이 드러나기 마련이다. 그뿐 아니라 인사하며 서로 손을 맞잡는 '악수'를 통해서도 그 사람을 어느 정도 알 수 있다는 연구 결과가 있다.
미국 앨라배마대학교 윌리엄 채플린 박사는 악수 강도와 심리의 연관 관계를 추적하는 실험을 진행했다. 이를 위해 남녀 각 두 명씩 실험 조교를 모집해서 한 달 동안 악수 강도를 '강 · 중 · 약' 단계로 일정하게 유지하도록 훈련했다. 그런 후 악수 실험에 참여할 대학생 122명을 대상으로 심리 검사를 하고 조교들이 각 학생의 악수 강도를 판단했다.
과연, 어떤 놀라운 실험 결과가 나왔을까?

심리학자는 특히 사람의 마음을 읽는 걸 좋아하는 족속이다. 그래서 독심술과 관련된 심리학 연구 논문을 찾아 읽다 보면 그 방대한 양 때문에 밤을 꼬박 새우는 일이 허다하게 일어난다. 사람의 마음을 읽는 심리학 연구를 다룬 전문 서적이 시중에도 이미 수백 권 나와 있다.

표정은 물론 동작이나 몸짓, 또 패션으로도 사람의 마음을 읽을 수 있다. 여기서는 '악수'로 사람의 감정과 성격을 읽을 수 있다는 연구를 소개하려고 한다.

미국 앨라배마대학교 윌리엄 채플린(William Chaplin) 박사는 남녀 각 두 명씩 실험 조교를 모집해서 한 달 동안 악수 강도를 측정하는 훈련을 받게 했다. 조교들은 악수 세기를 '강·중·약'으로 설정하고 각 강도 수준을 일정하게 유지하는 데 집중했다. 그리고 악수 강도와 조교의 판단이 일치하도록 훈련을 반복했다.

그런 후 악수 실험에 참여하겠다고 신청한 대학생 122명을 대상으로 먼저 심리 검사를 했다. 그러고는 조교들이 학생들과 악수하고 각 학생의 악수 강도를 판단했다.

결과는 놀라웠다. 조교가 악수 강도를 '강'이라고 판단한 학생은 외향적인 성격으로 감정 표현이 풍부한 경향이 있다는 사실을 알게 되었다.

아시아 문화권에서는 신체를 직접 접촉하는 악수보다는 정중하게 허리를 마주 숙이는 인사를 선호한다. 어쩌다 악수해야 하는 상황에서 손아귀에 힘을 주어 상대의 손을 꽉 잡는 사람이라면 외향적인 사람일 확률이 높다. 희로애락이 분명하고 무슨 생각을 하는지 표정에 훤히 드러나는 유형일 가능성이 크다.

또 악수할 때 손에 힘을 주는 여성은 새로운 일에 흥미를 느끼는 성격이 많다는 사실도 알게 되었다. 이런저런 새로운 경험을 주저하지 않거나 여행을 즐기는 여성은 악수할 때 손에 힘을 주는 습성이 있다는 점이 심리실험을 통해 어느 정도 확인되었다.

반대로 힘을 거의 주지 않는 사람, 즉 악수 강도가 '약'으로 판정된 사람은 내성적이고 예민한 경향이 강했다. 이런 사람은 다른 사람에게 다가가 먼저 말을 걸지 않고 내향적으로 자기 안으로 파고드는 성격이다. 또 누가 잡았을지 모르는 지하철이나 버스 손잡이는 꺼림칙해서 잡고 싶지 않다거나, 신발에 묻은 약간의 진흙에도 신경을 곤두세우는 상당히 예민한 유형이다.

심리학자라면 첫인사를 하며 자기 소개할 때 자연스럽게 악

수를 요청하고 '이 사람은 외향적인 성격이구나', '이 사람은 예민한 성격이네'라는 식으로 어느 정도 상대의 성격을 읽어 낼 수 있다. 독자 여러분도 악수할 때 손 힘의 '강도'에 주목하면 독심술처럼 다른 사람의 마음 상태를 살짝 엿볼 수 있을 것이다. 기회가 있을 때 꼭 시험해 보기 바란다.

심리 실험 09

칭찬은 왜 때로 고래를 춤추게 하는 것이 아니라 맥 빠지게 할까?

미국 컬럼비아대 스테이시 핀컬스틴 부교수의
'피드백이 목표 추구에 미치는 영향 실험'

교육 현장에서 상과 벌, 이른바 '당근과 채찍'을 상황에 맞추어 적절히 활용해야 한다는 것은 잘 알려져 있다. 그리고 '채찍'이 물리적 체벌이 아닌 눈물 쏙 빠지게 하는 매서운 질책이나 신랄한 비판일지라도 '당근'을 더 자주, 더 많이 활용하는 편이 상대의 자존감 등을 배려하는 좋은 방법이라고 흔히 생각한다. 분명 '채찍'도 필요할 텐데, 그렇다면 어떻게 '당근과 채찍'을 조화롭게 활용할 수 있을까?
미국 컬럼비아대학교 스테이시 핀컬스틴 부교수는 학생들에게 '칭찬을 아끼지 않는 교수'와 '따끔하게 지도하는 교수'의 지도 방법을 평가하게 했다.
과연 어떤 결과가 나왔을까?

많은 교육 관련 서적에는 모두 한목소리를 내자고 미리 짜기라도 한 것처럼 "칭찬은 고래도 춤추게 한다"라며 칭찬의 교육 효과를 강조하는 구절이 들어 있다.

이는 물론 틀린 말이 아니다. 그러나 굳이 따져 보자면 '반은 맞고 반은 틀린' 주장이다.

상대가 이제 막 무언가를 배우기 시작했다면 칭찬 세례를 퍼부어도 좋다. 그래야 의욕을 자극해서 더 나아갈 수 있는 마음이 생겨나게 할 수 있기 때문이다. "칭찬은 고래도 춤추게 한다"라는 말은 어디까지나 초보 학습자에게만 적용되는 문구다.

어느 정도 학습에 익숙해져서 실력이 늘어나는 시점에는 약점을 보완해야 한 단계 더 성장하고 싶은 마음이 들기 마련이다. 공부 욕심이 나기 시작할 때는 따끔한 비판과 까다로운 지시를 추가해야 학습자에게 동기를 부여할 수 있다.

미국 컬럼비아대학교에서 보건정책 및 관리를 연구하는 스테이시 핀컬스틴(Stacey R. Finkelstein) 부교수는 프랑스어 초급 과정(간단한 회화와 문법을 공부하는 수업)을 이수한 학생과 프랑스어 상급 과정(프랑스 고전문학을 읽고 프랑스어로 논문을 쓰는 수업)을 이수한 학생에게 수업을 지도한 교수를 평가하게 했다.

"아낌없이 칭찬하는 교수와 따끔하게 지도하는 엄한 교수에게 7점 만점으로 각각 점수를 준다면 몇 점을 주겠는가?"

학생들은 다음과 같이 답했다.

	초급 과정 학생	상급 과정 학생
칭찬하는 교수	4.96점	4.25점
엄하게 지도하는 교수	4.92점	5.45점

수치를 보면 알 수 있듯, 초급 과정 학생은 칭찬해 주는 교수에게 높은 점수를 주었다. 지나치게 엄격한 교수에게는 상대적으로 후한 점수를 주지 않았다.

그런데 상급 과정 학생은 부족한 부분을 일일이 지적하며 고쳐 주는 방식으로 지도하는 교수에게 좋은 점수를 주었다. 상급 과정 학생은 교수를 평가하는 데 있어 초급 과정 학생과는 기준이 다른 것이다.

'내 수준은 내가 알지. 일일이 칭찬해 줄 것이 아니라 내가 부족한 부분을 확실하게 개선할 수 있도록 따끔하게 지도해 주는 것이 지금 내게 더 필요해.'

자기계발이나 인간관계 관련 서적을 읽은 후 '칭찬은 고래

칭찬?
따끔하게?

도 춤추게 한다니 선배로서 후배에게 칭찬을 퍼부어 가며 이끌어야겠다'라는 식으로 단편적으로 받아들이지 말자. 물론 신입사원이나 아무것도 모르는 새까맣게 어린 후배에게는 친절하게 알려 주고 사소한 일도 칭찬해 주면 좋은 선배라고 환영받을 수 있다. 그러나 어느 정도 업무 기술과 지식을 익힌 후배에게는 어설픈 칭찬을 남발하는 대신 때로 따끔한 말로 지도하는 선배가 훨씬 소중하다는 사실을 기억하기 바란다.

심리 실험 10

아이를 자주 웃게 하면 저절로 공부에 재미를 붙인다고?

미국 펜실베이니아주립대 앨런 카즈딘 교수의
'교사의 태도가 아이의 행동에 미치는 영향 연구'

공부를 좋아하는 아이와 공부를 싫어하며 거부하는 아이가 있다. 여기에는 아이들 저마다의 기질, 가정 내 분위기 등 다양한 요인이 영향을 미친다. 그러므로 세심한 관찰을 통해 각각의 경우에 맞는 해법을 찾는 것이 중요하다. 아이에게 공부하는 습관을 들여 주고자 할 때, 아이가 공부를 재미있는 것으로 받아들이게끔 만들어 주고자 할 때 유용한 방법 한 가지를 소개한다.
미국 펜실베이니아주립대학교 앨런 카즈딘 교수는 학업이 뒤처지는 초등학생을 대상으로 선생님이 웃으며 가르치는 방식으로 수업하도록 지도했다. 선생님의 미소와 즐거운 학업 분위기는 아이들 행동에 어떤 영향을 미쳤을까?

아이가 공부를 익숙하고 재미있는 것으로 받아들이기까지 어마어마한 노력과 무한한 인내심이 필요하다. 가르치는 부모도 배우는 아이도 다 같이 고생이다. 대개 아이들은 공부를 싫어하기 때문이다.

"그만 놀고 책상 앞에 앉을까?"

"바르게 앉아야지. 책 펼치고."

'공부하는 분위기'로 변화를 주려고 하면 방금 전까지 기운이 넘쳐서 방방 뛰던 아이가 입을 비쭉이고 몸을 비틀며 하기 싫다는 태도를 보인다. 그때 부모 목소리에 힘이 들어가면 아이는 어깨를 축 늘어뜨린 채 억지로 연필을 손에 쥔다. 기가 죽은 듯한 아이를 보며 부모의 마음도 편치 않다. 아이를 학습시키는 건 결코 쉬운 일이 아니다.

이럴 때 부모와 아이가 서로 기분 상하지 않으면서도 자연스레 공부하는 분위기로 만드는 방법은 없을까? 연구자들은 '미소'가 답이라고 말한다. 은은한 미소로써 아이의 관심과 집중을 유도해 보자.

부모는 흔히 아이가 단번에 이해하지 못하면 눈을 흘기며 짜증을 섞어 말하곤 한다. 정신 안 차리고 뭐하냐며 날 선 목소리로 윽박지르기도 한다. 그럴수록 다정하게 말해야 한다고 충분히 알고 있고 수없이 다짐했음에도 그런 상황이 되면 나도 모르게 아이를 다그치게 된다. 그러면 아이는 어떻게 생각할까? 아이는 잘못한 것도 없는데 억울하게 혼난다는 생각을 하며 더욱 공부에 거부감이 생길 수 있다.

아이를 공부와 친해지게 하고 싶다면 아이가 책상 앞에 앉아 있는 시간을 즐거운 것으로 만들어 줄 필요가 있다. 아이를 자꾸 웃게 만들어 보자. 아이에게서 웃음을 끌어낼 수 있다면 아이는 공부하는 시간을 즐거운 놀이처럼 느끼게 될 것이다.

미국 펜실베이니아주립대학교 심리학과의 앨런 카즈딘(Alan E. Kazdin) 교수는 학업이 뒤처지는 초등학생을 대상으로 선생님이 웃으며 가르치는 방식으로 수업하도록 지도했다.

그러자 아이가 차분하게 책상 앞에 앉아 있는 행동이 1.3퍼센트에서 8.6퍼센트로 껑충 뛰어올랐다. 잠시도 가만히 있지 못하고 교실 안에서 고삐 풀린 망아지처럼 뛰어다니던 산만한 아이도 공부에서 즐거움을 느꼈을 때는 어떻게든 책상 앞에 앉아 있으려고 노력하는 모습을 보였다.

다정한 미소에 한 가지 비결을 더 추가해 보자. 바로 따뜻한 포옹이다. 아이를 꼭 안아 주자.

잘 알려지지 않은 사실인데, 아이는 신체적 접촉을 제법 큰 상으로 느낀다. 안아 주는 것을 거부하기 시작하는 건 사춘기 무렵부터! 그 전까지는 부모의 포옹을 무척 좋아한다. 미소 띤 얼굴로 꼭 안아 주며 공부를 가르치면 공부를 좋아하는 아이로 자라게 할 수 있다.

연구팀은 교사가 아이를 안아 주며 가르친 그룹도 설정해 실험했는데, 이 그룹은 차분하게 앉아 있는 행동이 0.2퍼센트에서 19.8퍼센트로 더욱 크게 높아졌다.

"잘했어! 아주 잘했어!"

칭찬의 말을 해 주면서 머리를 쓰다듬거나 꼭 안아 주면 아이의 마음은 흐뭇하게 풀어지고 행복으로 가득 채워진다. 공부하며 칭찬을 받고 행복을 맛본 아이는 시키지 않아도 더 공부하고 싶은 생각을 저절로 하게 된다.

그런데 대개 부모는 이 연구와 반대되는 행동과 말을 한다. 아이가 잘하는 것은 당연하게 여겨 칭찬에 인색하고 작은 실수에는 과하다 싶을 정도로 꾸중을 하거나 비난하곤 한다. 그럴수록 아이는 공부에 진저리를 친다는 것을 잊지 말자.

심리 실험 11

직장 면접에서 '과거 실적'보다 '예상 실적'을 강조해야 더 높은 연봉과 더 좋은 조건을 얻을 수 있다는데?

미국 스탠퍼드대 재커리 토말라 교수의
'잠재력 선호 실험'

운명이 결정되는 중요한 순간에 사람들은 흔히 자기가 지금껏 이루어 온 성취를 강조함으로써 깊은 인상을 남기려 한다. 그런데 실제로 누군가를 평가할 때는 과거 실적보다 앞으로의 발전 가능성, 잠재 능력에 더 높은 점수를 준다는 점이 밝혀졌다.
미국 스탠퍼드대학교 재커리 토말라 교수는 NBA 선수의 이듬해 연봉 책정에 있어 어떤 요인이 가장 영향을 미치는지 연구했다. 이 실험 결과는 운동선수뿐 아니라 입사나 입학 지원자, 온라인 광고 클릭, 프로포즈를 앞둔 이들 등 '선택'을 받아야 하는 모든 상황에 중요한 시사점을 던져 준다.

면접을 거쳐 바늘구멍 같은 취업의 문을 통과해야 하는 이들은 지금까지 내가 어떤 일을 했는지 정리한 '실적'보다 앞으로 어떤 일을 할 수 있는지 보여 주는 '잠재 능력'을 적극적으로 알리는 데 비중을 두자. 잠재 능력을 강조하면 깐깐한 면접관에게도 높은 점수를 받을 수 있기 때문이다.

미국 캘리포니아주 스탠퍼드대학교 경영대학원의 재커리 토말라(Zakary L. Tormala) 교수는 실험 참가자들에게 "만일 여러분이 NBA 팀 관리자이고 어떤 선수의 이듬해 연봉을 정할 수 있다면, 얼마를 책정하겠는가?"라고 물었다.

실험 참가자들은 선수의 프로필을 읽고 나서 연봉을 책정해야 했는데, 연구팀은 미리 두 가지 프로필을 준비했다. 하나는 과거 5년 동안 선수가 올린 득점, 즉 실적을 일목요연하게 보여 주는 프로필이다. 다른 하나는 5년 동안의 실적을 기재하고 나서 '6년 차에는 이 정도 득점을 올릴 수 있다'는 긍정적인 실적 예상에 중점을 두어 꾸민 프로필이다.

실험 참가자들은 프로필을 꼼꼼히 살핀 후 6년 차 연봉을 책정했다. 결과는 어떻게 나왔을까? 과거 실적을 보여 준 경우 연봉은 426만 달러, 긍정적인 실적 예상을 강조한 경우 연봉은 525만 달러가 책정되었다. 과거 5년 동안의 실적이 같더라도 긍정적인 미래 예상 실적을 추가하면 연봉이 100만 달러 가까이 오르는 것이다.

취업 면접에서는 과거 실적을 자랑하는 데 너무 많은 시간을 쓰지 말자.

"저는 ○○상을 받은 적이 있습니다."

이 경우 충분히 자랑할 만한 일인데도 이상하게 잘난 척하는 분위기가 느껴져 면접관에게 높은 점수를 받을 수 없다.

"저는 앞으로 3년 안에 ○○상을 받을 수 있는 저력이 있습니다."

이렇게 과거 실적을 강조하기보다 오히려 긍정적인 미래를 보여 주는 게 효과적이다. 그래야 치열한 경쟁을 뚫고 합격 통보를 받을 확률이 높아질 수 있다.

우리는 과거 경험과 실적을 적극적으로 강조해야 자기 가치를 높이 평가받을 수 있다고 흔히 생각한다. 그러나 이런 생각을 버려야 채용 기회를 높일 수 있다. 실적이 조금 부족해도 앞으로 이 정도의 일을 할 수 있다는 잠재력을 강조하면 면접관에게 확실한 인상을 남길 수 있다.

이 논리를 프러포즈할 때도 적용할 수 있을까?

"제 연봉은 이 정도입니다."

"저는 일 년 동안 이 정도 돈을 벌 수 있는 사람입니다."

실적을 강조하기보다 잠재력에 힘을 싣는 두 번째 프러포즈 문구가 결혼 승낙을 받을 확률을 높여 주지 않을까.

독자 여러분은 어떻게 생각하는지?

심리 실험 12

같은 양의 음식을 상대적으로 작은 접시에 소복하게 담아 내놓으면 고객 만족도가 눈에 띄게 올라간다?

미국 조지아공과대 쿠르트 이터르쉼 교수의
'접시 크기와 색깔의 영향 실험'

현대인에게 다이어트는 평생의 숙제 같은 것이다. 그에 따라 과학적, 의학적, 심리적으로 접근하는 수많은 다이어트 방법이 제시되고 있다. 그중 너무도 간단해 누구나 활용할 수 있는 방법을 소개한다.
미국 조지아공과대학교 쿠르트 이터르쉼 교수는 소비자 행동 분석을 연구하며 '착시'가 만들어 내는 효과를 이용하는 방법을 제안했다. 즉 같은 양의 음식이 큰 접시에 담겼을 때와 작은 접시에 담겼을 때, 우리는 그것을 같은 양으로 인식하지 않는다는 것을 최대한 활용하는 것이다. 접시 크기가 어떤 결과를 만들어 낼 수 있는지, 구체적으로 들여다보자.

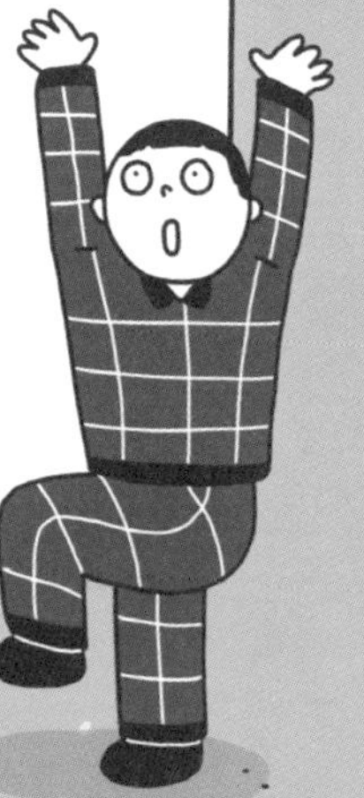

한 가지 음식을 완전히 똑같은 분량으로 나누어 하나는 큰 접시에 담고 하나는 작은 접시에 담아 보자. 큼직한 접시에 담긴 음식은 상대적으로 적게 느껴지고 아담한 접시에 담긴 음식은 상대적으로 푸짐하게 느껴진다. 다시 말해 같은 양의 음식을 먹더라도 작은 접시에 담으면 큰 접시에 담아 먹을 때보다 '잔뜩 먹었다'는 기분을 느낄 수 있는 것이다. 적은 양으로도 포만감을 느끼는 영리한 방법이다.

미국 조지아공과대학교에서 마케팅을 가르치는 쿠르트 이터르쉼(Koert Van Ittersum) 부교수는 이 사실을 실험으로 입증했다.

이터르쉼은 캠벨사의 토마토 수프를 크기가 다른 접시에 최대한 같은 양이 되도록 나누는 실험을 진행했다. 그 결과 실험 참가자 대부분이 큰 접시에 비해 작은 접시에 수프를 8.2퍼센트 적게 담은 사실이 밝혀졌다. 이를 대략적인 수치로 설명하면 작은 접시에 음식을 담아 식사하면 큰 접시에 담아 먹을 때보다 10퍼센트 정도 적게 먹는다는 것이다.

다이어트를 계획하거나 실행하고 있다면 주로 사용하는 그릇의 크기를 줄여 보자. 그러면 상대적으로 먹는 양을 줄일 수 있다.

이 원리는 음식점을 운영할 때에도 활용할 수 있다. 내가 만일 레스토랑 경영자라면 가능한 한 작은 접시를 사용할 생각이다. 아담한 접시에 요리를 소복하게 담아 내놓을 경우 고객은 음식을 푸짐하게 주는 집이라며 만족할 가능성이 크기 때문이다. 작은 접시에 넉넉히 담아낸 것을 보면 고객은 음식을 아끼는 야박한 집이 아니라고 생각하고 식사에 만족한다. 그런데 같은 양의 음식을 큼직한 접시에 담으면 재료 아끼는 집이라는 생각에 아무래도 본전 생각이 나서 식사 만족도가 떨어질 수밖에 없다.

작은 접시에 음식을 담으면 가격 대비 성능비가 좋아 보인다. 이로써 고객 만족도가 높아져 재방문을 유도할 수 있으니 꿩 먹고 알 먹는 효과 아닐까?

심리 실험 13

가격을 협상할 때 적절히 재치 있는 유머를 곁들이면 원하는 결과를 얻어 낼 확률이 높아지는 이유는?

미국 캔자스대 캐런 오킨의
'사회적 영향력을 가지는 기법으로서의 유머 실험'

물건값을 흥정하거나 연봉을 협상하는 경우처럼 직접적으로 '돈'이 걸려 있는 상황에서는 서로 예민하게 반응하기 쉽다. 살면서 마주칠 수밖에 없는 이런 크고 작은 협상에서 내가 좀 더 유리한 위치를 점할 수 있는 간단한 방법이 하나 있다. 액수가 오가는 삭막하고 긴장된 분위기를 누그러뜨리며 내가 의도한 금액을 상대가 자연스레 받아들이게 하는 이 방법이란 대체 무엇일까?

비즈니스 협상은 돈이 걸린 일이라 아무래도 분위기가 진지해지기 쉽고 때로 거센 공방이 오가기도 한다. 이때 가벼운 유머로 긴장된 분위기를 풀어 주고 상대방의 얼굴에서 미소를 끌어내는 방법을 익혀 두면 성사율을 높일 수 있다. 일단 상대방의 굳은 얼굴이 풀어질 정도로 웃음을 끌어내면 반은 먹고 들어가는 승부! 협상 성공률은 자연스레 높아질 것이다.

웃음은 사람의 마음을 열게 하는 효과가 있다. 엄숙하고 진지한 분위기에서 무게를 잡고 있던 사람도 일단 웃음이 터지고 나면 완고한 태도를 유지할 수 없기 때문이다.

'뭐, 이번 한 번쯤 져 주는 것도 나쁘지 않지. 오늘은 내가 봐준다.'

웃음으로 딱딱하게 굳었던 마음이 풀어지고 어깨에 들어갔던 힘이 스르르 빠지면 통 큰 양보를 해 줄 마음이 든다. 유머나 농담이야말로 협상의 달인이 내놓는 판을 뒤집는 승부수인 셈이다.

미국 캔자스대학교의 캐런 오퀸(Karen O'Quin)은 가상으로 그림을 사고파는 협상 실험을 진행했다. 실험에 앞서 참가자들에게 그림을 파는 사람과 사는 사람으로 나누어 흥정하는

것이고 판매자와 구매자는 제비뽑기로 결정된다고 설명했다. 그러나 실제로 실험 참가자는 무조건 구매자가 될 수밖에 없는 장치가 숨겨져 있었다.

바람잡이 역할을 맡기로 한 구매자와는 협상 중 어떤 가격이 제시되든 마지막에 2,000달러를 양보하며 "이게 제 최종 제안입니다"라고 말하도록 각본을 짰다. 이때 바람잡이는 절반의 실험 참가자, 즉 구매자에게 농담을 건넸다.

"이게 제 최종 제안입니다. 아, 좋습니다. 마음 쓰는 김에 특별히 제 반려 개구리를 얹어 드릴게요."

사람에 따라 입꼬리가 미동도 하지 않을 수 있지만, 어쨌든 실험에 참가한 미국인에게는 잘 먹히는 기발한 농담이었던지 실험 참가자들의 웃음보가 터졌다.

바람잡이는 나머지 절반의 실험 참가자와 흥정할 때는 농담을 건네지 않은 채 "이게 제 최종 제안입니다. 금액은 ○○달러입니다"라고 기계적으로 말하도록 정해져 있었다.

과연 농담에 따른 차이가 있었을까? 농담을 건네 받은 실험 참가자들은 협상에 응해 가격을 절충해 주었을가?

연구진은 비율을 측정했다. 확실히 농담을 건넨 후 실험 참가자들은 흥정에 응하며 선선히 가격을 양보했는데 그 비율은 무려 53퍼센트나 되었다. 농담을 섞지 않고 가격만 공지했을 때 제시한 가격을 받아들이고 양보한 비율은 45퍼센트였다.

이로써 농담으로 흥정 분위기를 가라앉히고 상대방을 웃게 할 수 있다면 분명 자신에게 유리한 방향으로 가격 협상을 할 수 있음이 증명되었다.

아무리 시시하고 썰렁한 농담이라도 일단 시도해 보자. 어처구니가 없어 툭 터져 나온 웃음이라도 흥정을 순조롭게 만들 수 있다. 만약 내 농담에 상대방의 입꼬리가 미동도 하지 않았다면 어떻게 해야 할까? 그럴 때는 양으로 승부를 걸어 보자. 상대방이 웃을 때까지 열심히 시도해 보는 것이다. 가벼운 미소라도 상대방이 웃기만 하면 성공이다. 실소든 미소든 다 웃음이기 때문이다. 웃음이 분위기를 풀어 주는 윤활유 역할을 하며 협상 분위기가 부드러워지면 상대방에게서 양보를 끌어낼 가능성도 그만큼 늘어날 수 있다.

심리 실험 14

가격을 협상할 때 구체적인 금액을 제시하는 게 유리한 고지를 점하는 효과적인 방법이라는데?

미국 컬럼비아대 말리아 메이슨 교수의
'협상에서 정확한 금액 제시 효과 실험'

가격을 흥정하면서 손해 보고 싶은 사람이 있을까? 무언가를 파는 사람과 사는 사람 각자의 치밀한 계산 끝에 오고 가는 금액 제안에서 조금이라도 유리한 위치를 차지할 방법이 있다.
미국 컬럼비아대학교의 말리아 메이슨 교수는 280명을 대상으로 보석 판매자와 구매자 간 가격 흥정 가상 실험을 진행했다. 실험 결과 보석 판매자가 제시한 액수에 따라 구매자가 판매자를 대하는 태도가 달라지는 것을 확인할 수 있었다. 금액 협상을 유리하게 이끌고 갈 금액 제시 방법이란 도대체 뭘까?

협상할 때는 되도록 세세한 금액을 제안하는 게 효과적이다. 끝자리가 딱 떨어지는 금액은 계산하기에 쉽고 편할지라도 자칫 상대가 나를 얕잡아 볼 여지를 줄 수 있기 때문이다.

"1,000만 원이 어떨까요?"

"1,065만 원이 어떨까요?"

딱 떨어지는 금액이 아닌, 후자처럼 더 구체적인 금액을 제안하는 게 협상에서 유리한 고지를 점하는 방법이다. 이렇게 하면 '만만치 않은 협상자'라는 인상을 주어 상대가 함부로 대하지 못한다. 또 세세한 금액을 제시함으로써 상대방에게 과감한 양보를 끌어낼 수도 있다.

미국 뉴욕주 컬럼비아대학교의 말리아 메이슨(Malia F. Mason) 교수는 인터넷을 통해 가상 협상 실험 참가자 280명을 모았다. 이들 참가자의 나이는 평균 30.4세였다. 이 실험은 보석을 사들이는 보석상과 보석을 팔러 온 고객이 가격 흥정을 벌인다는 설정이었다. 실험 참가자는 보석상 역할을 맡아 고객이 가져온 보석을 감정하고 매입해야 했으며, 보석을 팔러 온 고객은 19달러, 20달러, 21달러의 세 가지 가격을 제안했다.

연구팀의 가설은 다음과 같았다. 즉 고객이 '20달러'라는 딱 떨어지는 금액을 제안하는 경우 보석상 역할을 맡은 실험 참가자는 '이 손님은 보석을 전혀 모르는군'이라고 얕잡아 봐서 보석을 헐값에 사들이려 한다는 것이다.

어떤 결과가 나왔을까? 연구팀의 가설이 정확히 맞았다. 딱 떨어지는 금액을 제시하는 경우 '강하게 압박하면 포기하고 낮은 가격을 받아들이는 약한 사람'이라는 인상을 줄 수 있다. 20달러가 아니라 19달러나 21달러처럼 애매한 금액을 제시하면 '가격을 설정한 합당한 근거가 있겠지. 나름대로 조사하고 왔군. 허투루 볼 수 없겠는 걸'이라고 생각하게 된다. 즉 '까다로운 협상자'라는 이미지를 만들면 상대가 함부로 헐값을 제시할 수 없다.

가격을 흥정할 때는 구체적이고 세세한 금액을 제시하자. '끝자리까지 깐깐하게 계산한 건가? 만만하게 볼 수 없겠어'라는 인상을 주는 게 핵심이다. 실제로는 제시한 금액에 특별한 근거가 없더라도 상대방은 꼼꼼한 계산 끝에 나온 금액이라고 지레짐작한 후 마음의 준비를 하고 응대할 것이다.

100만 원이나 1,000만 원처럼 딱 떨어지는 금액을 제시하면 '아무것도 모르는 호구'로 여겨져 바가지를 쓰거나 손해 보는 거래를 할 수 있음을 명심하자.

흣!
!!
고수다...
652만...

심리 실험 15

비즈니스에서 두 가지나 네 가지가 아닌 '세 가지'로 정리할 때 눈에 띄게 효과적일 수밖에 없는 심리학적 근거는?

미국 캘리포니아주립대 수잔 슈 교수의
'마케팅에서 활용할 수 있는 '3의 마법' 실험'

우리나라에서는 예부터 숫자 3을 '복삼(福三)'이라 부르곤 했다. 숫자 3에는 '행복, 길운'의 의미가 있다고 여겨졌으며, 이는 아시아뿐 아니라 서구권에서도 어느 정도 통용된다. 그런데 숫자 3이 불러오는 마법의 효과는 그저 행운을 바라는 정도에 그치지 않고 비즈니스, 마케팅 등 실제 현장에서도 활용될 수 있다. 미국 캘리포니아주립대학교의 수잔 슈 교수가 실험으로 증명한 프레젠테이션, 홍보 등에서 응용할 수 있는 '3의 마법'이란 무엇인지 자세히 살펴보자.

동아시아 사람들은 숫자 3을 무척 좋아한다. "서당 개 삼 년이면 풍월을 읊는다", "세 살 버릇 여든까지 간다", "구슬이 서 말이라도 꿰어야 보배다" 등 숫자 3이 들어가는 속담이 참 많다. 그 밖에 '삼세판' 같은 말도 있고, 일본 식민지 시절 독립을 외치던 투사들은 두 손을 높이 들며 만세를 세 번 외쳤고(만세 삼창), 국회 의장은 의사봉을 '탕탕탕' 세 번 두드려 안건이 의결되었음을 알린다. 이처럼 숫자 3과 관련된 말이나 풍습은 찾으려면 얼마든지 찾을 수 있다. 한편 서구에도 "삼세번만의 행운(third time's a charm)"이라는 말이 있다. "세 번째 시도에는 운이 따를 거야, 잘 되겠지!"라는 희망이 담긴 관용구다.

아시아에서든 서구에서든 3을 길한 숫자로 여기는 경향이 있는데, 1이나 2는 상대적으로 작고 4가 넘어가면 너무 크다고 느껴서일까? 어쨌든 '3의 마법'은 비즈니스나 프레젠테이션 등에서도 매우 유용한 원리다. 즉 내가 전하고 싶은 것의 핵심을 딱 세 가지로 정리하면 효과적이라는 말이다. 물건을 판매하거나 사업 계획을 발표할 때, 또는 결혼식 등에서 축사를 할 때조차 이 '3의 마법'을 응용할 수 있다. 뭐니 뭐니 해도 3이 최고다. 4가 되면 듣는 이의 집중력이 떨어지며 지루함을 유발할 수 있다.

미국 캘리포니아주립대학교의 수잔 슈(Suzanne B. Shu) 교수는 '3의 마법'에 관한 실험을 기획했다. 연구팀은 신제품 시리얼을 시식한 후 평가해 달라며 실험 참가자를 모집했다. 그리고 참가자들에게 두 가지 장점을 강조했을 때, 세 가지 장점을 강조했을 때, 네 가지 장점을 강조했을 때를 비교했다.

신제품의 핵심 포인트는 '더 건강하다', '더 맛있다', '식감이 더 좋다', '품질이 더 좋다'는 것이며, 이 네 가지 장점 중 어느 것을 강조할지 매번 다르게 설정했다. 즉 네 가지를 무작위로 섞어 두 가지를 강조했을 때, 세 가지를 강조했을 때, 네 가지를 강조했을 때로 나누어 점수를 매기게 한 것이다.

어떤 결과가 나왔을까? 실험 참가자들은 두 가지나 네 가지 장점을 강조했을 때는 비슷한 점수를 매긴 반면 세 가지 장점을 강조했을 때는 유독 높은 점수를 주었다. 강조하는 장점의 내용은 상관없었다. 그저 장점을 세 가지 전달할 때 좋은 결과가 나온 것이다.

"더 건강하고 더 맛있어요"라며 두 가지 장점을 강조하면 뭔가 부족한 느낌이 든다. "더 건강하고 더 맛있고 더 좋은 식감에 품질까지 좋아졌어요"라고 네 가지 장점을 강조하면 이것저것 다 가져다 붙여 오히려 확실한 장점이 없는 듯 느껴진다. 또 장점만 늘어놓는 과장 광고 같은 느낌도 든다. "건강,

맛, 식감이라는 세 마리 토끼를 잡았습니다"처럼 세 가지로 압축하는 게 딱 좋다.

일본에서는 새해에 '후지산, 매, 가지'가 나오는 꿈을 꾸면 한 해 운수가 대통한다는 말이 있다. 후지산은 일본의 영산이고, 매는 길조고, 가지는 '무엇을 이루다, 달성하다'라는 의미를 지닌 일본어와 발음이 같아서 길하게 여겨진다. 모두 상서로운 상징이다. 다다익선이니 운수대통 의미의 상징을 잔뜩 더 추가하면 어떨까? 그러면 끝없이 구구절절 길어질 것이기에 대개 세 번째에서 끝내는 게 아닐까.

심리 실험 16

알파벳 E를 쓰는 방식만으로 상대방의 인간성을 파악할 수 있는 실험이 있다고?

미국 뉴욕시립대 R. 글렌 하스 교수의
'자아인식과 상대방 배려 실험'

몇 초밖에 안 걸리는 간단한 행동으로 상대의 인간성을 파악할 수 있는 테스트가 있다.
미국 뉴욕시립대학교의 R. 글렌 하스 교수는 자아인식(self-awareness) 척도 테스트 참가자들에게 각자 이마에 알파벳 E를 손으로 써 보라는 간단한 실험을 더했다. 그러자 타인을 향한 자아인식이 높은 그룹에 속하는 이들은 알파벳 E를 상대가 알아볼 수 있도록 반대 방향으로 쓰는 경향이 강했다. 이 실험 결과가 의미하는 바는 무엇일까?

독자 여러분을 위한 깜짝 심리 테스트를 준비했다. 자기 이마에 손가락으로 알파벳 대문자 E를 써 보자. 어렵지 않다. 누구나 할 수 있는 단순한 일이다.

자, 이제 질문! 여러분이 쓴 E는 어느 방향인가? 나를 기준으로 E라고 썼나, 아니면 숫자 3처럼 E를 반대 방향으로 썼나? 이 퀴즈는 미국 뉴욕시립대학교의 R. 글렌 하스(R. Glen Hass) 교수가 고안했다. 하스 교수는 자아인식(self-awareness) 척도 테스트를 하며 각자 이마에 알파벳 E를 쓰게 했다.

그 결과 남들에게 보여 주는 자아인식이 높은 그룹의 54퍼센트가 E를 상대방이 읽을 수 있도록, 즉 자기가 보기에는 숫자 3처럼 반대 방향으로 보이도록 쓴다는 사실을 알게 되었다. 타인을 향한 자아인식이 낮은 그룹에서 E를 상대방이 읽을 수 있도록 반대 방향으로 쓴 사람은 32퍼센트에 불과했다.

'다른 사람은 나를 어떻게 생각할까?'

'다른 사람 눈에 나는 어떻게 보일까?'

이렇게 평소에 남의 시선을 의식하는 사람은 알파벳 E를 쓸 때 무의식적으로 '상대방이 읽을 수 있는 방향'으로 썼다. 그래서 자기가 보기에는 숫자 3처럼 보이도록 E를 쓴 것이다. 반면

이마에 'E'를 써 보자
E
오~
여러분의 방향은?
응??

타인을 의식하지 않는 자기중심적인 사람은 자기가 보는 대로 이마에 E를 썼다.

만약 내가 기업 채용 담당자로서 고객 응대나 직장 내 원만한 대인관계와 배려심을 발휘해야 하는 역할을 담당할 누군가를 채용해야 한다면, 이마에 E를 써 보라고 시키겠다. 상대가 읽을 수 있도록 E를 쓰는 사람은 타인을 배려할 줄 아는 사람이라고 생각해도 무방하다.

이 심리 퀴즈는 특별한 도구가 필요하지 않고 순식간에 끝낼 수 있으니 친구나 가족에게 시험해 보기 바란다. 또 마음에 둔 사람이 있어 고백할지 말지 망설이는 상황에서도 이 테스트가 도움이 될 수 있다.

"최근에 알게 된 심리 테스트가 있어요. 자기 이마에 알파벳 E를 써 보겠어요?"

내가 읽을 수 있도록 E를 반대 방향으로 쓴 사람은 상대를 배려할 줄 아는 사람이다. 안심하고 관계를 진행해도 좋은 사람이라는 '초록불' 신호가 켜진 셈이다.

심리 실험 17

외모에 많은 비용을 투자하는 사람이 그렇지 않은 사람보다 수입이 15퍼센트 이상 높아진다는 게 과연 사실일까?

미국 텍사스대 대니얼 해머메시 교수의
'수입과 외모 가꾸기에 투자하는 비용 간 관계 실험'

옷차림, 헤어스타일, 화장 등 자기 외모를 꾸미는 것을 별 필요 없는 겉치레라며 소홀히 여기는 사람들이 있다. 또는 타고난 생김새가 이런 걸 어쩌겠냐며 아무 노력 없이 방치하는 사람들도 많다. 그러나 깔끔하고 매력적인 인상, 개성적인 분위기가 돋보이도록 자기를 꾸미는 일은 남자와 여자 모두에게 중요하다. 그저 자기 만족감 때문에 또는 다른 사람 보기에 좋기 때문에 중요한 것이 아니다. 매력적인 외모는 경제적 수입에 영향을 줄 수 있는 요소다.
미국 텍사스대학교 대니얼 해머메시 교수의 실험을 통해 이러한 내용을 구체적으로 살펴보자.

“외모도 능력”이라는 말이 있다. 그처럼 ‘외모 가꾸기’는 중요한 일이다. 공들여 가꾼 외모는 누구에게나 매력적으로 보일 수 있기 때문이다. 그런데 여기서 말하는 매력은 타고난 생김새만으로 결정되는 것이 아니다. 타고난 얼굴을 시간과 돈을 들여 가꾸면 누구나 어느 정도 호감을 주는 인상으로 변신할 수 있다.

외모 가꾸기에 들인 돈과 시간은 절대 낭비가 아니다. 외모에 투자하면 수입이 늘어난다는 사실이 실험으로 입증되었기 때문이다. 누구나 호감을 주는 외모를 가진 사람과 일하고 싶은 법이다. 실력이 같다면 외모가 괜찮은 사람에게 일을 맡기는 게 인지상정이다.

미국 텍사스대학교에서 노동경제학을 가르치는 대니얼 해머메시(Daniel S. Hamermesh) 교수는 일주일에 30시간 이상 일하고 결혼을 한 여성 853명에게 현재 수입과 더불어 옷차림과 화장, 헤어스타일 등 외모 가꾸기에 어느 정도 돈을 쓰는지 물었다. 그러자 외모 가꾸기에 비용을 투자하는 사람일수록 수입이 15퍼센트 이상 높다는 사실이 밝혀졌다. 이 실험으로 외모 가꾸기가 수입에 확실하게 영향을 준다는 사실을 알게 되었다.

외모를 가꾸면 자신감이 상승하며 기분이 좋아진다. 자신감은 다른 사람을 대할 때 당당한 태도로 드러난다. 외모 가꾸기에 시간과 돈을 들이지 않는 사람은 아무래도 외모에 대한 자신감이 떨어져 쉽게 주눅이 들고 쭈뼛쭈뼛 눈치를 살피는 경향이 있다. 이런 태도는 일에도 지장을 줄 수 있다.

해머메시 교수의 연구는 여성을 대상으로 외모 가꾸기가 수입을 늘리는 데 도움이 된다는 사실을 증명한 것이다. 그런데 이 논리는 남성에게도 적용할 수 있다. 꼬질꼬질 때가 묻고 꾸깃꾸깃한 옷을 입고, 머리는 빗질이 안 된 듯 부스스하거나 헝클어져 있고, 칙칙한 안색에 피부까지 푸석푸석한 사람 곁에는 아무래도 사람이 모이지 않는다. 되도록 가까이하고 싶지 않은 사람이라는 인상을 풍기기 때문이다. 외모에 지나치게 신경을 쓰지 않는 사람은 어느 직종에서나 성공 전망이 높지 않다.

외모와 전혀 관계 없는 직종은 상관 없지 않냐고? 그런 직종은 사실 많지 않다. 어떤 직업에서든 외모는 생각보다 중요한 역할을 한다.

"사람을 외모로 판단한다고? 외모가 다는 아니야! 마음이 예뻐야 진짜 미인이지."

"남자의 외모가 뭐가 그리 중요해! 속이 꽉 찬 진국이면 그만 아니야?"

외모의 중요성을 깨닫지 못하고 고리타분한 주장을 내세우는 사람이 여전히 많다. 그래서인지 특히 남성은 외모 가꾸기에 관심을 두지 않곤 한다. 다시 한번 강조하지만, 외모는 정말로 중요하다!

CHAPTER

2

당신이 목에 걸친 '청진기'가 권위를 얻게 해 준다고?!

심리 실험 18

신경질적인 사람이 사교적인 사람보다 적합한 리더로 인정받게 되는 이유는?

미국 캘리포니아주립대 코린 벤더스키 교수의
'그룹 내 지위 변화 실험'

타고난 리더처럼 보이는 사람들이 있다. 누구에게나 적극적으로 다가서고 자기 의견을 말하고 행동하는 데 거리낌이 없으며, 자기 의견이 관철되도록 설득하는 데도 능수능란한 사람을 우리는 리더로 인정하곤 한다.
그런데 한 그룹 내에서 인정받은 리더의 지위는 영원히 변하지 않을까? 크고 작은 그룹에 속해 일하다 보면 처음에 리더 자질을 갖추었다고 여겨지던 사람의 평가가 점점 나빠지고, 세세한 것 하나하나까지 챙기던 까다로운 사람이 지닌 리더로서의 장점이 차츰 부각되는 경우를 경험할 수 있다.
이 주제와 관련해, 미국 캘리포니아주립대학교 코린 벤더스키 교수의 연구를 살펴보자.

그룹의 리더를 정할 때는 대개 적극적이고 사교적이며 솔선해서 대화를 주도하는 사람을 선택하기 마련이다. 우리는 그런 사람을 '리더답다'고 생각한다. '리더십'이라는 말을 우리말로는 '지도력' 또는 '통솔력' 등으로 옮길 수 있다. 대중을 휘어잡고 이끌 수 있는 카리스마 넘치는 사람을 보면 우리는 자연스럽게 리더의 이미지를 떠올린다. 내성적이고 먼저 나서서 입을 열지 않는 사람이나 겸손한 자세로 묵묵히 있는 사람은 리더로 잘 선출되지 않는다. 신경질적이고 사소한 부분까지 신경 쓰는 사람도 역시 리더로 뽑히지 않는다. 포용력 있으며 대범한 사람을 리더답다고 생각하기 때문이다.

미국 캘리포니아주립대학교의 코린 벤더스키(Corinne Bendersky) 교수는 MBA 코스 수강생 227명에게 몇 개월 동안 지속해야 하는 그룹 과제를 내 주었다. 서로 안면이 없는 수강생 4~6명이 한 그룹을 이루어 과제를 해 나가는 것을 관찰해 보니, 첫 주에는 사교적인 사람이 그룹 구성원 사이에서 '리더로 적합하다'라는 평가를 받았다. 즉 초반에는 여러 사람에게 말을 거는 붙임성 좋은 사람을 리더로 뽑는 경향이 있었다. 그런데 10주 정도 지나자 구성원의 평가가 달라졌다. 사교적인 사람의 평가는 낮아지고 신경질적인 사람을 높이 평가하는 경향이 나타났다.

왜 이렇게 평가가 역전되는 현상이 일어났을까? 연구팀의 분석에 따르면, 사교적인 사람이 말을 그럴듯하게 하는 것에 비해 팀을 위한 공헌도가 높지 않다는 것을 구성원이 차츰 알게 되면서 결국 사교적인 사람은 '말만 잘하는 사람' 같은 부정적인 꼬리표가 붙으며 점점 평가가 낮아졌다.

10주 정도 함께 과제를 진행하다 보면 '말만 앞서는 사람'이 누구인지 파악할 수 있다. 그래서 초반에 좋은 인상을 주던 사교적인 사람의 평가가 시나브로 나빠진다. 한편 신경질적인 사람은 사소한 부분도 그냥 넘어가지 않아 초반에 구성원에게 '사사건건 성가시게 구는 사람'이라는 인식을 준다. 그러나 함께 과제를 수행하면 생각보다 열심히 과제에 집중한다는 사실을 알게 되어 구성원 사이에서 평판이 올라갔다.

'나는 말주변도 없고 작은 것 하나하나를 신경 쓰느라 사고의 폭이 좁아서 리더로 적합하지 않아.'

까다로운 사람은 처음에는 아무래도 좋은 인상을 주기 어렵다. 하지만 세심하게 신경 쓰며 일을 처리하다 보면 함께 일하는 사람들 사이에서 차츰 인정받게 되고 신뢰감이 형성된다. 첫인상이 좋지 않았더라도 시간이 지나며 그 인상이 좋아질 수 있으니 스스로 리더에 어울리지 않는 사람이라고 미리 단

념할 필요는 없다.

내성적인 사람도 마찬가지다. 내성적인 사람은 적극적으로 나서지 않아 아무래도 초반에는 그리 좋은 인상을 주지 못할 수 있다. 그러나 시간이 지나면서 그가 지닌 장점이 서서히 드러나게 되니 조급하게 마음먹지 말고 자기 역할에 충실하는 데 힘쓰는 게 좋다.

심리 실험 19

뭔가에 대해 '생각하지 말라'라는 말을 들으면 더 생각나는 건 왜일까?

미국 하버드대 대니얼 웨그너 교수의
'억눌린 생각이 꿈으로 나타나는 현상 실험'

이루어지지 않은 아픈 사랑이 끝난 후, 또는 짝사랑으로 애태우다 스스로 마음을 거두어야 하는 안타까운 상황 등에서 우리는 흔히 '다 잊을래. 그리고 이제 더는 생각하지 않겠어'라며 다짐하듯 마음을 다잡곤 한다. 그런데 떠올리지 않으려 애를 쓰면 쓸수록 오히려 더 내 생각에 들러붙어 떨어지지 않는 듯한 느낌을 경험한 적이 있는가?
미국 하버드대학교의 대니얼 웨그너 교수는 우리가 정신적으로 통제하려고 하면 오히려 더 통제가 안 되는 리바운드 효과가 있음을 실험으로 밝혔다. 그렇다면 어떻게 해야 그만 잊고 싶은 사람이 자꾸 떠올라 괴로운 상황에서 벗어날 수 있을까?

넘볼 수 없는 상대나 좋아해서는 안 되는 사람을 좋아하게 되는 경우가 생각보다 자주 있다. 소설이나 드라마에서만 나오는 이야기가 아니다. 이루어질 수 없는 사랑을 할 때 '어차피 내 사랑은 이루어질 수 없으니 그만 마음을 접고 그 사람을 잊자'라며 애써 달래는 게 일반적이다. 그러나 애석하게도 그 사람을 생각하지 않으려 애쓸수록 점점 그의 얼굴이 떠오르고 급기야 머릿속을 가득 채우는 역설이 일어날 수 있어 주의가 필요하다.

미국 하버드대학교의 대니얼 웨그너(Daniel M. Wegner) 교수는 실험 참가자에게 '짝사랑을 했다가 끝내 사랑이 이루어지지 않았던 경험'을 떠올리게 했다. 배우나 가수 같은 연예인은 제외했다. 자기와 접점이 있고 일방적으로 마음을 주었던 상대를 생각하게 했다.

연구팀은 한 참가자 그룹에게는 잠자기 전 5분 동안 '최대한 그 사람을 생각하지 말 것'을 지시하며, 다른 일을 생각하고 머릿속에 떠오른 일을 일기에 기록하라고 했다. 이 그룹은 다음날 아침에 일어나자마자 전날 밤 꿈도 기록했는데, 잠들기 전에 '생각하지 말 것'을 지시했더니 참가자 34.1퍼센트가 생각하지 말아야 할 사람의 꿈을 꿨다고 대답했다. 잠자기 전 5분 동안 '좋아하는 사람을 생각할 것'을 지시받은 그룹에서 그 사람의 꿈을 꾼 참가자는 28.2퍼센트였다. '생각하지 말라'라는 말을 들었을 때 꿈을 꾸는 확률이 높아졌던 것이다.

연구팀은 또 연애 감정과 상관 없는 사람을 떠올리게 하며 같은 실험을 진행했는데, '그 사람을 생각하지 말 것'을 지시했을 때 참가자의 19.1퍼센트가 생각하지 말아야 할 사람의 꿈을 꿨다. '마음껏 그 사람 생각할 것'이라는 지시를 받은 참가자들은 16.5퍼센트가 그 사람이 나오는 꿈을 꿨다.

아무래도 우리의 사고는 '리바운드 효과(Rebound effect)' 성향이 있는 모양이다. '떠올리지 말자'라고 생각하면 오히려 더 떠올리게 된다. '앞으로 그 사람 생각은 절대 하지 않겠어'라고 하는 것은 심리학적으로 볼 때 좋은 작전이 아니다. 만족할 때까지 실컷 그 사람을 생각하는 편이 나중에 생각나지 않게 하는 지름길이다.

좋아하는 사람을 줄곧 잊지 못한 채 끙끙대고 있다면 '이제 더는 그 사람을 생각하지 않겠어'라고 자신에게 금지 명령을 내렸기 때문일 수 있다. 그럴수록 그 생각이 머릿속을 지배하며 사라지지 않는다.

개굴
개굴

심리 실험 20

어두운 곳을 환하게만 바꾸어도 범죄율이 낮아진다고?

캐나다 토론토대 중천보 교수의
'어둠과 비도덕적, 이기적 행동의 연관 관계 실험'

대부분의 범죄는 주로 밤에 일어난다. 환한 낮 시간 또는 조명이 밝게 비추는 공간에서는 사소한 죄조차 함부로 저지르지 못한다. 그런데 어둠이 내려앉은 시간 또는 조명이 어둑한 공간에서 사람들은 환할 때는 결코 하지 못할 나쁜 행동을 아무렇지도 않게 할 수 있다. 어둠이 우리 마음속에 잠재해 있는 나쁜 행동 스위치를 켜는 것일까?
캐나다 토론토대학교의 중천보 교수는 이 주제를 파고들어 「환한 빛이 최고의 경찰이다」라는 논문을 발표했다. 그 내용을 자세히 살펴보자.

사람은 밝은 곳에서는 나쁜 짓을 그다지 저지르지 않는다. 사방이 훤히 트인 공간에서는 아무래도 몸가짐에 신경이 쓰여 정직하고 도덕적인 태도를 유지한다. 그런데 어둑어둑한 곳에 가면 달라진다. 주위가 어두워지면 우리 마음속에 숨어 있던 나쁜 마음이 스멀스멀 기어 나와 아무렇지도 않게 나쁜 짓을 저지르는 모습을 볼 수 있다.

대다수 범죄는 밝은 낮보다 깜깜한 밤에 일어난다. 낮에는 단정하고 바르게 행동하던 사람이 밤에는 노상 방뇨를 하거나 담배꽁초와 쓰레기를 길에 내던지는 데 거리낌이 없어진다. 어둠이 우리 마음속 나쁜 행동 스위치를 켜는 게 틀림없다.

캐나다 토론토대학교의 중천보(Chenbo Zhong) 교수는 지난 2010년 「환한 빛이 최고의 경찰이다(Good lamps are the best police)」라는 논문을 발표했다. 어두운 곳에서 사람은 태연하게 악행을 저지른다는 가설을 입증한 논문이었다.

연구팀은 먼저 같은 크기의 방 두 개를 준비해 한쪽 방에는 형광등 열두 개를 켰다. 다른 방에는 형광등을 네 개만 켰다. 대낮처럼 환한 방과 밝기를 3분의 1로 줄인 방을 실험 공간으로 설정한 것이다.

라이트 모드

다크 모드

실험 참가자는 한 사람씩 봉투를 건네받았다. 봉투 안에는 1달러 지폐 아홉 장, 25센트 동전 네 개가 들어 있었다. 참가자들은 수학 능력을 시험하는 문제 20개를 풀면 되었는데, 한 문제씩 정답을 맞출 때마다 봉투의 돈을 지급받았다. 다만 정답을 참가자 스스로 맞춰 볼 수 있게 했기에 마음만 먹으면 얼마든지 부정행위를 저지를 수 있었다.

실험 결과는 어떻게 나왔을까? 환한 방에서 문제를 푼 참가자는 평균 7.78개를 맞췄다고 보고했다. 반면 상대적으로 어두운 방에서 문제를 푼 참가자는 평균 11.47개를 맞췄다고 보고해 환한 방 참가자보다 1.85달러를 더 받았다.

어두운 방 참가자 가운데 수학 실력이 뛰어난 사람이 더 많았기 때문일까? 아니다. 어두운 방에서 문제를 푼 사람들은 속임수를 썼다. 어두운 방 참가자 가운데 60.5퍼센트가 '채점 결과를 부풀렸다'라고 고백했다. 환한 방에서 부정을 저지른 사람은 24.4퍼센트였다. 사람은 어두운 곳에서 태연하게 나쁜 짓을 저지를 수 있다는 것을 입증한 실험 결과다.

에너지 절약이 당연히 중요한 일이긴 해도 회사 조명을 너무 어둑하게 설정하는 건 바람직하지 않다. 업무 시간에 꾀를 부리거나 비품을 무단으로 빼돌리는 등 부정을 저지르는 사람이 늘어날 수 있으니 조명에 돈을 아끼지 말라고 심리학자로서 경고하고 싶다.

심리 실험 21

청진기를 목에 걸고 있기만 해도 권위가 눈에 띄게 높아진다는데?

영국 버밍엄시티대 조지 캐슬다인 교수의 '의사, 간호사, 구급대원 등의 권위를 높여 주는 청진기 활용법 실험'

전문가의 도구지만 모든 이가 아주 어릴 때부터 자주 본 덕분에 누가 어떤 용도로 사용하는지 단번에 알아보는 게 있다. 바로 청진기다. 더구나 청진기는 내가 아프고 힘들 때 나를 도와줄 의사가 사용하는 도구이다보니 청진기만 봐도 안도감이나 믿음이 생기기 마련이다. 그러므로 청진기는 그 자체로 전문가의 권위를 상징하는 보편적 이미지라고 할 수 있다. 청진기의 기능과 더불어 이러한 이미지를 활용하는 것이 의료 현장에서 큰 도움이 된다는 연구가 있다. 의사뿐 아니라 간호사, 구급대원, 물리치료사 등도 환자와 소통하는 데 청진기 이미지가 효과를 발휘할 수 있다고 한다.

앞서 '안경이 사람의 인상을 달라지게 만들 수 있다'는 이야기를 소개했다. 마찬가지 논리를 적용할 수 있는 소도구로 청진기가 있다. 청진기는 주로 의사가 사용하는 도구다. 청진기를 가지고 있느냐 아니냐에 따라 의사로서의 이미지가 상당히 달라질 수 있다.

영국 버밍엄시티대학교의 조지 캐슬다인(George Castledine) 교수에 따르면 외모에서 느껴지는 인상이 무척 중요한데, 특히 의사는 필수적으로 청진기를 가지고 다녀야 한다고 했다. 아무리 뛰어난 의학 기술과 지식이 있는 의사라도 청진기가 없으면 환자들에게 믿음직하지 못하다는 인상을 줄 수 있다. 청진기는 의사의 권위를 높여 주는 매우 효과적인 소도구다.

'사람은 밖으로 드러난 모습이 90퍼센트'라는 말이 있다. 우리는 눈에 보이는 모습으로 상대를 평가할 때가 많다. 청진기를 목에 걸기만 해도 의사는 간단히 환자에게 신뢰받고 감사한 존재로 존경받을 수 있다고 하니, 청진기는 무척이나 편리한 도구가 아닐까. 또 캐슬다인 교수는 업무 중에 청진기가 필요하지 않은 간호사라도 청진기를 가지고 다니는 게 좋다고 조언한다. 그럴 때 환자가 간호사의 지시를 순순히 따라 주기 때문이란다.

청진기를 직접 사용할 필요가 없는 복지 관계자조차 청진기를 가지고 다니는 게 업무에 이로울 수 있다. 대다수 사람에게 청진기는 '권위의 상징'으로 작용해 청진기를 가지고 있기만 해도 그 사람이 하는 말에 귀를 기울이고 지시에 따를 확률이 높아지기 때문이다.

예전에 한 TV 프로그램에 심리학자로서 출연한 적이 있었는데 당시 방송국은 내 의상으로 의사들이 주로 입는 흰 가운을 준비해 놓았다. 나는 한 번도 흰 가운을 걸친 적이 없는데 말이다. 아마도 프로그램 제작 담당자가 조금이라도 나에게 '권위를 부여'하고 싶어 흰 가운이라는 소도구를 준비했다고 짐작할 수 있다. 흰 가운도 청진기와 마찬가지로 권위를 상징하는 무척이나 편리한 아이템이기 때문이다.

지적인 인상을 연출하거나 전문가처럼 보이고 싶다면 소도구를 적절히 활용해 보자. 안경을 쓰고 청진기를 목에 걸고 흰 가운을 입으면 거의 대부분 권위 있는 사람이라고 믿어 줄 것이다.

심리 실험 22

같은 나쁜 일이라도 조직이 아닌 개인이 저질렀을 때 더 많은 비난을 퍼붓는 대중의 심리는?

이스라엘 네게브 벤구리온대 우리엘 하란 교수의 '같은 사안에서 개인과 조직의 계약을 다르게 인식하는 일 실험'

공식 계약(contracts)을 맺는 데 있어 그 상대가 개인인지 아니면 기업이나 정부 같은 조직인지에 따라 계약의 맥락을 다르게 인식한다는 연구가 있다. 이스라엘 네게브 벤구리온대학교의 우리엘 하란 교수는 완전히 똑같은 상황에서 계약 파기 주체가 개인일 때와 업체일 때를 구분한 문건을 실험 참가자들에게 나누어 주었다. 그러자 참가자들은 계약을 파기한 개인에 대해서는 도덕적으로 파렴치하다는 반응을 보인 반면 계약을 파기한 업체에 대해서는 합리적 비즈니스 결정이라고 보았다. 개인의 계약 위반은 도덕적 약속(promise) 위반으로 인식하곤 하는 맥락상의 차이가 존재하는 것이다.

조직 등 집단이 아니라 개인이 사회적으로 용인되지 않은 일을 하면 바로 도덕적인 비난에 시달리게 된다. 만약 누군가 내 돈을 떼어먹으면 “세상에 이런 나쁜 놈이 다 있나”라며 욕하고 멱살을 잡아 흔들고 싶어지는 게 당연하다.

그런데 완전히 같은 일을 조직이 저지르면 비난의 수위가 내려간다. 국가 혹은 지방자치단체 같은 정부 기관에서 내 돈을 빼앗아 갔다고 상상해 보자. 물론 부아가 치밀지만 개인에게 돈을 뜯겼을 때와 비교하면 그나마 정상 참작의 여지가 있다는 생각이 들 수 있다.

이스라엘 네게브 벤구리온대학교의 우리엘 하란(Uriel Haran) 교수는 실험 참가자 146명을 모집해 ‘주방 수리를 위해 집 소유자와 인테리어 시공 업체 간 공사 계약 체결’과 관련된 문서를 전달했다. 문서는 내용을 살짝 다르게 하여 두 가지로 준비되었다. “시공 업체가 일주일 전 일방적으로 계약을 파기했다”라는 사안과 관련해 실험 참가자 절반에게는 “시공 업체 대표가 더 높은 공사 대금을 제시한 다른 일을 하기로 하면서 계약을 파기했다”라고 설명했다. 즉 업체 대표 개인의 욕심으로 문제가 생겼다는 것이다. 나머지 절반의 참가자에게 보여 준 문서에는 “시공 업체가 더 높은 대금을 제시한 다른 일을 하기로 하면서 계약을 파기했다”라고 설명했다. 참가자들에게 제시한 두 가지 문서의 차이는 부당한 계약 파기의 원인이 업체 대표에게 있는지 아니면 업체 자체에 있는지에 있었다.

문서 내용을 파악한 참가자들에게 이 계약 파기가 얼마나 도덕적으로 부당하고 탐욕스러운 처사라고 생각하는지 물었다. 그러자 참가자들은 개인(업체 대표)이 계약을 파기했다고 알려 주었을 때는 비도덕적이고 지나치게 탐욕스러운 처사라고 평가했다. 반면 업체 책임이라고 설명했을 때는 무슨 이유에서인지 ‘납득할 수 있는 사업상의 결정’이라고 생각하는 참가자가 많았다.

같은 일이라도 개인이 했을 때 사람들은 더 많은 비난을 퍼붓는 경향이 있다. 그러므로 무언가 나쁜 일을 저지를 계획이라면 최대한 많은 사람을 끌어들여 무리를 짓거나 단체나 조직을 만들어서 하는 게 현명하다. 머릿수가 많아져야 들켰을 때 뒤탈이 적기 때문이다. 물론 농담이니, 법에 어긋나거나 타인에게 피해를 주며 내 욕심을 챙기는 일은 당연히 하지 말아야 할 것이다.

심리 실험 23

권위 있는 전문가의 말이라면 명백히 틀린 내용이라도 전혀 의심하지 않고 무조건 믿고 보는 심리의 실체는?

미국 서던캘리포니아대 도널드 나프툴린 교수의 연구로 입증된 '폭스 박사 효과'

역사를 주제로 다루는 TV 교양 프로그램, 강연 등을 통해 엄청난 대중적 인기를 얻은 강사가 있었다. 그는 역사적 사실과 관련 일화를 적절한 제스처와 목소리 톤 같은 극적인 효과를 활용해 흥미롭게 전달하는 능력을 갖춘 강사였다. 대중은 그의 말에 빠져들어 역사의 한 장면 속에 들어간 듯 착각할 정도로 감정이입하며 집중하곤 했다. 그런 상태에서 대중은 그 전문가가 틀린 사실을 말하고 개인적 억측으로 사실을 왜곡한다고 해도 알아차리지 못한다. 전문가의 말이 무조건 진실이라고 의심 없이 받아들이는 것이다. 이러한 현상을 '폭스 박사 효과'라고 한다.

어떤 이야기를 들었으나 그 내용을 전혀 이해할 수 없을 때가 있다. 그러면 무슨 생각이 드는가? '뭔 말이야? 알아듣게 말해야지!'라며 말하는 사람을 탓하기보다 '내 머리가 나빠서 못 알아듣는가 봐'라고 생각하기 쉽다. 이것은 지극히 일반적인 반응이다. 나도 대학생 시절 어느 유명 철학자의 책을 몇 권이나 읽었지만 그 내용을 도무지 이해할 수 없었다. 당시 나는 그 철학자에게 문제가 있는 게 아니라 내 이해력이 부족하기 때문이라고 생각했다.

전문적이고 고상한 이야기를 들으면 그 의미가 확실하지 않고 두서없는 경우에도 우리는 '나'에게 문제가 있지 '말하는 사람'에게 문제가 있다고 여기지 않는 경향이 있다. 미국 서던캘리포니아대학교 의과대학의 도널드 나프툴린(Donald H. Naftulin) 교수와 연구팀은 정신의학과와 심리학과 석사와 박사들이 참석하는 실제 교육학회에서 가짜 강연을 시도하는 무척 용감한 실험을 기획했다. 진지한 학회에 참석한 이들을 모두 속이는 행위이기에 큰 문제가 될 수 있었음에도 나프툴린 교수는 실험을 감행했다.

연구팀은 '의사 교육에 적용되는 수학적 게임 이론'이라

내가 머리가
나쁜가?
어렵네...

는 주제로 강연할 마이런 폭스 박사(Dr. Myron L. Fox)를 학회에 파견했다. 알베르트 아인슈타인 의과대학 출신이라고 소개된 폭스 박사는 사실 연구팀에서 섭외한 배우 마이클 폭스(Michael Fox)였다.

물론 전문가들을 상대로 한 진지한 강연이니 즉석에서 내용을 꾸며 낼 수는 없었다. 연구팀은 폭스 박사를 철저하게 훈련해 60분짜리 가짜 강연을 준비했다. 강연 후에는 30분 동안 질의응답 시간을 가질 예정이었기에, 이때 애매하게 돌려 말하고 엉터리로 지어 낸 단어와 관련 없는 이야기 등으로 스리슬쩍 빠져나가는 기술을 확실하게 가르쳤다.

횡설수설하는 헛소리가 가득했던 강연에 대해 청중은 어떤 반응을 보였을까? 연구팀은 강연이 끝난 후 설문지를 돌려 청중의 강연 소감을 확인했다. '충분히 구체적인 예를 들었다'는 응답이 90퍼센트, '잘 정리해서 이야기했다'는 응답도 90퍼센트가 나왔다. '새로운 자극이 되는 내용이었나?'를 묻자 무려 100퍼센트가 '그렇다'고 응답했다. 다시 말하지만, 두서없는 논리에 허무맹랑한 가짜 이론을 늘어놓은 강연이었다. 이해할 수 있을 리 없는데도 전문가들은 입을 모아 '멋진 강연이었다'라고 감탄한 것이다.

우리는 이처럼 권위 있는 전문가 또는 그런 위치에 있다고 믿는 사람의 말은 결코 의심하지 않고 동조하며, 이해가 안 되는 것은 '내 머리가 나쁜 거야'라고 생각하는 경향이 있다. 이러한 현상을 '폭스 박사 효과(Dr. Fox Effect)'라고 한다.

심리 실험 24

자신의 미래를 좀 더 정확히 예측하고 싶다면 자기 입장이 아닌 다른 사람의 입장에서 생각해야 한다?

미국 코넬대 니컬러스 에플리 박사의 '자기 예측 오류 경향 실험'

마감 기한이 정해진 과제나 프로젝트를 수행할 때 충분한 시간이 있었음에도 허둥지둥 겨우 마감 시간에 맞추거나 정해진 시간을 넘기는 경우가 허다하다. 처음 과제가 주어졌을 때는 당연히 재빨리 해치울 수 있어 시간이 오히려 남겠다고 자신감을 보였다가 큰 낭패를 겪기도 한다. 문제는 이러한 자기 예측 실패를 한 번만 경험하는 것이 아니라 엄청 혼이 났음에도 다시 또 반복하곤 한다는 것이다. 우리는 왜 자신에 대한 예측을 번번이 실패하곤 하는 것일까? 미국 코넬대학교의 니컬러스 에플리 박사의 실험을 통해 그 이유를 알아보자.

우리는 자기에게 유리한 쪽으로 사고를 왜곡하는 경향이 있다.

'나라면 잘할 수 있지.'

'나라면 더 빨리 할 수 있고 말고.'

이런 식으로 자기 미래를 낙관적으로 예측했다가 크게 빗나가서 호된 대가를 치르는 아찔한 상황을 종종 겪게 마련이다.

대학생 시절 과제를 제출해야 하는 경우를 떠올려 보자. 나는 '마감 시간 내에 과제를 제출하는 것은 아무 문제 없지'라며 늘 자신감에 차 있었다. 하지만 아르바이트하는 곳에서 갑작스럽게 시간이 더 소요되는 일이 발생한다거나 친구와 함께 할 약속이 잡히는 등 온갖 이유 때문에 결국 과제 마감 시간을 지키지 못해 쩔쩔매곤 했다. 어떻게 하면 나의 미래를 더욱 정확하게 예측할 수 있을까? 이럴 때는 '나라면'이 아닌 '다른 사람이라면'이라고 생각하면 된다.

미국 뉴욕주 코넬대학교의 니컬러스 에플리(Nicholas Epley) 박사가 이와 관련한 재미있는 실험을 기획했다. 캐나다 암 협회가 힘겨운 암 치료로 고통받는 환자들에게 희망을 주기 위해 시작한 '수선화의 날(Daffodil Day)'이라는 것이 있다. 매서운 겨울 추위를 이겨 낸 직후 활짝 꽃을 피우는 수선화에서 이름을 따왔으며, 수선화 또는 관련 상품을 판매해 기부금을 모으는 행사가 진행된다. 연구팀은 수선화의 날로부터 5주쯤 전에 "여러분은 기부를 위해 수선화를 사겠습니까?"라고 학생들에게 묻고 자기 미래 행동을 예측하게 했다. 이 질문에 83퍼센트가 '적어도 한 송이는 사겠다'라고 대답했다. 또 '같은 수업을 듣는 다른 학생들의 수선화 구매 여부'를 예측해 보라고 했더니 수선화를 구매할 학생은 '56퍼센트 정도일 것'이라고 대답했다.

4일 동안 이어진 수선화의 날 기간이 끝나고 나서 사흘 뒤 실제로 수선화 또는 관련 상품을 구매한 학생들을 조사해 보았다. 그랬더니 실제로 관련 제품을 산 학생은 43퍼센트뿐이었다. 83퍼센트의 학생이 사겠다고 대답했으나 실제로는 그 절반 정도만 관련 제품을 구매한 것이다. 자기 예측은 이렇게 크게 어긋나곤 한다. 다른 학생의 구매를 예측해 보라고 했을 때 56퍼센트가 제품을 살 것이라고 했지만 실제로는 43퍼센트가 제품을 구매했다. 이 결과가 알려 주듯, 타인을 기준으로 생각하면 좀 더 현실에 가깝게 예측할 수 있다.

내 입장에서 하는 예측은 실제와 많이 빗나가곤 한다. 그러므로 미래를 예측할 때는 '다른 사람이라면'이라고 가정하는 게 합리적이다. 업무, 프로젝트 예산, 일정을 예상해 계획을 세울 때도 '나라면'이 아니라 '다른 사람이라면' 얼마큼의 시간이나 비용이 필요할지 고려해야 한다. 그럼으로써 예산과 일정을 더욱 정확하게 예측할 수 있다.

심리 실험 25

미국에서 1985년 대비 2004년 기준, 사회적 고립감을 느끼는 사람의 수는 어떻게 달라졌을까?

미국 애리조나대 밀러 맥퍼슨 교수의
'미국의 사회적 고립 실험'

최근 1인 가구가 급격히 증가하는 데서 더 나아가 가족, 친구 등과의 교류가 완전히 단절된 채 외롭게 지내는 사람들이 늘고 있다. 스스로 고립된 생활을 선택한 것일 수도 있겠고 어쩌다 보니 또는 어쩔 수 없이 고립된 처지에 놓인 경우도 있겠다. 어떻든 아무도 알지 못하는 사이 홀로 죽음을 맞이하고 한참 지나서야 발견되곤 하는 '고독사'가 제법 익숙한 단어가 되었을 정도인데, 이는 우리나라만의 특수한 문제일까? 결코 그렇지 않다는 것이 이미 2006년 미국에서 진행된 연구 결과 밝혀졌다. 이에 대해 좀 더 자세히 알아보자.

최근 생겨난 말 가운데 '고독사'라는 게 있다. 이 말에는 누구 하나 돌봐 주는 사람 없이 홀로 쓸쓸히 죽어 간다는 뉘앙스가 담겨 있다. 지방의 작은 마을에는 점점 사람이 줄어들어 고립된 생활을 하는 어르신이 늘어나고 있다는 소식도 심심치 않게 뉴스에서 흘러나온다.

그렇다고 대도시에 사는 사람들이 고독감을 느끼지 않는 것도 아니다. 어디를 가든 사람이 넘쳐 나는 대도시에서도 사회적으로 고립되었다고 느끼는 사람이 적지 않다.

'우리나라에서는 소외된 채 외롭게 살아가는 사람이 점점 늘어나고 있어…….'

이런 현상을 뉴스에서 보고 들을 때마다 내가 사는 나라에 사회적 고립 문제가 특히 심각한 것 같다. 하지만 다른 나라 자료를 살펴보면 이는 특정 국가만의 문제가 아니라 보편적으로 확산되고 있는 현대 사회의 문제라는 것을 알 수 있다. 우리만의 문제가 아니라는 것을 알고 나니 조금은 마음이 놓이지 않는가?

미국 애리조나대학교의 밀러 맥퍼슨(Miller J. McPherson) 교수가 지난 2006년에 발표한 논문이 있는데, 그 제목은 '미국의 사회적 고립'이다. 미국에서는 '제너럴 소셜 서베이(General Social Survey, GSS)'라는 대규모 조사를 시행해 국민 샘플을 수집해 왔다. 맥퍼슨 교수 연구팀은 1985년과 2004년 GSS 데이터를 활용해 20여 년 사이 소외된 채 살아가는 사람이 얼마나 늘어났는지 분석했다.

"당신에게는 중요한 이야기를 터놓고 말할 수 있는 사람이 몇 명 있습니까?"

이 질문에 1985년에는 평균 2.94명이라는 응답이 돌아왔다. 그런데 2004년 조사에서는 같은 질문의 응답이 평균 2.08명으로 줄어들었다. "터놓고 말할 사람이 한 명도 없다"라고 응답한 사람은 1985년에는 10.0퍼센트, "한 사람 정도 있다"라고 응답한 사람은 15.0퍼센트였다. 그런데 2004년에는 "한 명도 없다"라고 응답한 사람이 24.6퍼센트로 크게 증가했고 "한 사람 정도 있다"는 사람도 19.0퍼센트로 늘어났다.

동양인이 흔히 생각하기에, 미국인은 파티나 모임을 일상적으로 즐기는 사교적 이미지가 강하다. 그런 미국 사회에 20년 사이 큰 변화가 나타난 모양이다. 미국에서도 혼자만의 세계에 틀어박혀 타인과 되도록 접점을 갖지 않는 사람이 점점 늘어나고 있다.

최근 혼자 있는 것을 오히려 편하게 여겨 일부러 고립을 자처하는 우리나라 젊은이들을 우려의 눈길로 바라보는 사람들이 많아졌다. 이대로 가면 사회와 공동체가 무너질 수 있다고 진심으로 걱정하는 연구자도 있다. 그러나 홀로 지내는 사람이 늘어나는 것은 앞서 살펴봤듯 우리나라만의 문제가 아닌, 일본이나 미국 등 선진국에서 공통적으로 관찰되는 현상이라는 것을 염두에 두고 이러한 현상을 이해해야 할 필요가 있다.

심리 실험 26

자기 충동 조절 능력을 정확하게 가늠할 수 있는 방법은?

미국 노스웨스턴대 로런 노드그렌 교수의
'자기 억제 능력에 대한 환상과
충동적 행동의 관계 실험'

외부 조건과 관계 없이 나 스스로 내 행동을 제어하는 일을 두고 우리는 흔히 자기 능력을 과신하곤 한다. '마음만 먹으면'이라는 말을 쉽게 하는 것처럼 '마음만 먹으면' 다 할 수 있다고 착각한다. 실제로 자기 충동 억제가 쉽지 않다는 것을 수없이 경험하고도 자기 제어력을 과대평가하는 것이다. 자기 충동 조절 능력이 어느 정도인지 정확하게, 객관적으로 가늠할 수 있는 방법이 있을까?
미국 노스웨스턴대학교의 로런 노드그렌 교수가 이와 관련해 아주 간단한 방법을 알려주었다.

우리는 마음만 먹으면 충동을 얼마든지 다스릴 수 있다고 착각하며 산다.

"금연이 뭐가 어려워? 의지가 부족해서 그런 거지. 마음만 먹으면 오늘 당장이라도 담배를 끊을 수 있다니까."

"다이어트? 그걸 누가 못해. 세상에서 제일 쉬운 일이 살 빼는 거 아니야? 마음만 먹으면 일주일에 몇 킬로그램은 거뜬하게 뺄 수 있지."

"공부하겠다는 마음을 안 먹어서 그래. 마음만 먹으면 하루에 몇 시간이라도 책상 앞에 앉아 있을 수 있거든."

우리는 어리석게도 자기 충동을 다스리는 게 얼마나 어려운 일인지 모른다. '담배 피우고 싶다'는 충동을 다스리는 게 얼마나 어려운지, '먹고 싶다'는 충동을 억누르고 잠드는 게 얼마나 힘든지, '놀고 싶다'는 충동을 억제하고 책상 앞에 앉아 공부하는 게 얼마나 어려운지를 객관적으로 예측하지 못한다.

어떻게 하면 자기 충동 조절 능력을 정확하게 가늠할 수 있을까? 방법은 간단하다. 정신적으로 지쳤거나 배가 고플 때 자기 능력을 효과적으로 가늠할 수 있다. 충동을 다스리는 게 얼마나 어려운 일인지 몸소 경험할 수 있는 상황일 때 한층 객관적으로 자기 충동 조절 능력을 측정할 수 있는 것이다.

미국 일리노이주 노스웨스턴대학교의 로런 노드그렌(Loran F. Nordgren) 교수는 '좋아하는 과자를 일주일 동안 먹지 않고 참는 과제'를 내 주고 실험 참가자들이 얼마나 잘 수행할 수 있는지 관찰했다. 노드그렌 교수는 일주일 동안 좋아하는 과자를 먹지 않고 참은 사람에게는 상금 4달러를 주겠다고 약속했다.

"여러분이 좋아하는 과자를 일주일 동안 먹지 않고 참을 수 있나요?"

연구팀은 카페테리아에 막 들어가려는 사람을 붙잡고 이렇게 물었다. 카페테리아에 들어서려는 사람은 출출한 상태일 확률이 높다. 그때 그들 각자의 예상을 기록해 두고 일주일 후에 과자를 먹고 싶은 욕구를 얼마나 잘 참았는지 조사했다. 결과는 어땠을까? 실험 참가자의 60.5퍼센트가 자기 예상과 적중했다.

연구팀은 추가 실험을 진행했다. 이번에는 식사를 마치고 카페테리아에서 나오는 사람에게 같은 질문을 던졌다. 이들은 자기 충동 관리 능력을 과도하게 평가하는 경향을 보였고 일주일 후 결과를 확인하니 39.0퍼센트만 예측에 성공했다.

자기 충동 관리 능력을 객관적으로 판단하고 싶다면 피곤해서 녹초가 되었을 때나 졸려서 제대로 생각할 수 없을 때, 배가

고파서 예민해졌을 때 같은 상황에 측정하는 게 효과적이다. 그런 때일수록 자기 능력을 상당히 정확하게 가늠할 수 있다. 기회가 있을 때 한번 확인해 보자.

심리 실험 27

다이어트 테이프 자체는 전혀 효과가 없음에도 다이어트 테이프 듣기가 몸무게를 줄이는 데 도움되는 까닭은?

캐나다 워털루대 필립 메리클 교수의
'다이어트 테이프를 통한 플라시보 효과 실험'

다이어트는 현대인의 최대 고민 중 하나가 아닐까. 체중 조절, 감량 등에 신경 쓰는 사람은 남녀노소를 가리지 않으며 최근에는 반려 동물까지도 건강을 위해 다이어트식과 운동이 처방되곤 한다. 다이어트는 거대한 소비 산업과 연관되어 있으며 시대에 따라 특정 다이어트 방법이 크게 유행했다 사그라들곤 한다. 다양한 다이어트 방법 가운데 정말 쉬운 게 한때 유행한 적이 있었다. 오디오테이프를 듣기만 하면 살이 쭉쭉 빠진다는 것. 이런 '다이어트 테이프'가 지금은 사람들의 기억에서조차 사라진 것으로 봐서 그 효과가 별 볼 일 없음이 이미 증명된 것인데, 당시에는 왜 그토록 인기를 끌었을까?

월간지의 뒤표지 가까운 쪽에 이르면 크고 작은 광고가 페이지를 가득 채운 면이 나온다. 개별 주문 판매로만 살 수 있는 상품, 점술가와 역술인 광고, 돈을 벌게 해 주고 이성의 인기를 독차지하게 해 주며 만병통치가 가능한 행운의 액세서리 등 별별 내용이 한데 모여 있는 페이지가 있다.

이런 지면에 소개되는 어딘가 수상쩍은 광고 가운데 '다이어트 테이프'라는 상품이 껴 있었다. 주로 카세트테이프로 음악을 듣던 1990년대의 일이다. '다이어트 테이프를 듣기만 하면 살이 쭉쭉 빠진다'라니, 살 빼는 게 이렇게 쉽다고? 다이어트 테이프는 그 홍보 문구처럼 진짜 효과가 있었을까?

캐나다 워털루대학교 심리학과의 필립 메리클(Philip M. Merikle) 교수가 살을 빼 주는 오디오테이프에 흥미를 느껴 그 효과를 확실하게 검증하는 실험을 진행했다. 연구팀은 먼저 비만으로 고민하는 여성들을 모집해 한 그룹에는 다이어트 테이프를 매일 한 시간에서 세 시간씩 듣게 했다. 다들 진심으로 살을 빼고 싶어 한 이 여성들은 1일 평균 1.4시간씩 꾸준히 다이어트 테이프를 들었다.

한편 다른 그룹에게도 다이어트 테이프를 주고 매일 듣게 했는데, 다만 이 그룹의 테이프에는 다른 소리, 즉 치과에서 주로 들려주는 불안을 완화하는 음악이 담겨 있었다. 이 그룹은 자신들이 듣는 게 다이어트 테이프라고 믿고 매일 꾸준히 테이프를 들었다.

또 다른 그룹은 '대기 그룹'으로 설정해 '현재 참가자들에게 제공할 수 있는 테이프 수량에 제한이 있어서 일정 기간 대기한 후 다이어트 테이프를 제공할 예정'이라고 안내했다.

5주가 경과한 후 참가자들의 체중을 측정했다. 과연 어떤 결과가 나왔을까? 진짜 다이어트 테이프를 들은 그룹은 실제로 체중이 감소했다. 그렇다면 다이어트 테이프가 정말로 살을 빼 주는 효과가 있었던 것일까?

다른 그룹의 결과를 비교해 보고 결론을 내리자. 가짜 다이어트 테이프를 들은 그룹의 체중 변화는 어땠을까? 그들 또한 거의 같은 수준으로 체중이 감량되었다. 게다가 다이어트 테이프가 손에 들어오기를 기다리던 대기 그룹도 어째서인지 실험 참가 그룹과 거의 같은 수준으로 살이 빠졌다. 모든 그룹의 체중이 감소한 놀라운 결과가 나온 것이다.

어떻게 된 일일까? 연구팀은 이렇게 분석했다. 다이어트 테이프 자체는 아쉽게도 아무런 효과가 없다. 그러나 '나는 매일 다이어트 테이프를 듣고 있지'라고 생각하면서 체중을 의식해 자연스럽게 식사량을 줄이고 식단을 관리하게 된다. 그러니

Diet

당연히 살이 빠질 수밖에 없다. 가짜 테이프를 들은 그룹 역시 매일 테이프를 들으며 다이어트 의식이 높아졌다. 그 과정에서 무의식적으로 식단 관리를 했다고 추정할 수 있다. 대기 그룹에 포함된 참가자들도 마찬가지다. '나는 곧 다이어트 프로그램에 참가하잖아'라는 마음가짐으로 생활하면서 자연스럽게 식사량이 줄어들며 살이 빠졌다고 볼 수 있다.

결국 다이어트 테이프 자체가 눈에 보이는 효과를 발휘하는 것은 아니다. 머릿속에서 '다이어트'를 꾸준히 의식하는 습관이 체중을 줄이는 데 도움이 되었을 따름이다.

심리 실험 28

투표 장소를 바꾸면 투표 결과도 달라진다?

미국 펜실베이니아대 조나 버거 교수의
'개인이 놓인 상황이 그의 의견에 미치는 영향 실험'

나는 나의 신념과 평소 가치관에 따라 결정한 의견을 어떤 상황에서도 일관되게 고수할까? 실제로는 현재 내가 놓인 상황이나 분위기에 따라 내 의견이 변화할 수 있음을 입증한 연구가 있다.

미국 펜실베이니아대학교의 조나 버거 교수는 미국 선거에서 투표장이 주로 교회 또는 학교로 배정되는 것에 착안해, 만일 학교에서 투표하는 유권자라면 교육을 위해 세금을 인상해야 한다는 의견에 더 쉽게 찬성할 것이라는 가설을 세웠다. 즉 교육과 연관된 사안일 경우 투표장인 학교가 유권자의 의사결정에 영향을 미치지 않겠느냐는 것이다. 이에 실제 선거를 대상으로 투표하는 장소만 조건으로 제한한 연구 결과는 어떻게 나왔을까?

우리는 현재 자기가 놓인 상황에 영향을 받곤 한다. 즉 내가 어떤 상황에 있는지에 따라 의견이 달라지고 태도나 행동이 변화할 수 있는 것이다. 유권자에게 찬반을 묻는 선거에서도 이 논리를 적용할 수 있다. 우리 의견과 태도가 늘 일관될 것이라고 믿어서는 곤란하다. 내 의견을 밝히는 곳의 분위기에 따라 의견은 얼마든지 달라질 수 있다.

미국에서는 유권자가 소중한 표를 행사하는 투표장이 유권자가 거주하는 지역 교회나 학교일 때가 많아 다음과 같이 안내된다.

"○○교회에서 투표해 주십시오."

"△△초등학교에서 투표해 주십시오."

미국 펜실베이니아대학교의 조나 버거(Jonah Berger) 교수는 여기서 착안해 한 가지 가설을 세웠다.

"투표장을 학교로 배정받은 사람은 교육에 더 많은 돈을 써야 한다는 의견에 쉽게 찬성하지 않을까?"

이 가설을 검증하기 위해 연구팀은 2000년에 치러진 애리조나주 선거를 조사했다. 당시 애리조나주에서는 교육 지출을 늘리기 위해 주 세금을 5.0퍼센트에서 5.6퍼센트로 인상하는 사안이 쟁점이었다. 조사 결과는 어떻게 나왔을까? 투표장을 학교로 배정받은 사람은 56.02퍼센트가 세금 인상에 찬성했다. 학교 이외의 장소에서 투표한 사람은 53.99퍼센트가 세금 인상에 찬성했다.

'뭐야, 2퍼센트밖에 차이 안 나잖아.'

실망한 독자를 위해 설명을 보태면, 우리 생활의 중요한 안건을 결정하는 선거에서 2퍼센트 차이는 상당히 큰 영향력을 행사할 수 있다.

연구팀은 유권자의 정치적 신념이나 나이, 성별 등의 요인이 영향을 주지 않도록 조건을 통일해서 유지하며 오직 학교에서 투표한 사람과 학교가 아닌 장소에서 투표한 사람을 비교했다. 이 연구로 학교에서 투표한 사람은 '교육을 위해서라면 세금을 올려도 좋다'라고 생각한다는 사실을 알게 되었다.

어디에서 투표하는지, 즉 투표장의 성격은 우리 생각보다 훨씬 더 중요한 변수로 작용할 수 있다. 최대한 선거 결과에 영향을 주지 않도록 장소를 선택하는 게 바람직하겠지만, 누구에게나 중립적인 장소를 찾는 것은 말처럼 쉬운 일이 아니다. 어쨌든 투표장을 선정할 때는 교통이 편리해 접근성이 좋은 것과 더불어 선거 내용과 관련이 없는 장소를 섭외해 봐야 할 일이다.

심리 실험 29

장례식장이 눈앞에 있으면 선행을 하고 싶은 충동이 강해진다고?

독일 루트비히막시밀리안 뮌헨대 에바 요나스 박사의 '스크루지 효과 실험'

우리는 죽으면 어디로 갈까? 죽음의 세계를 관장하는 신 앞에서 살아온 날에 저지른 죄의 심판을 받을까? 그런 후 부글부글 기름이 끓는 솥에 빠지거나 이글거리는 불 속으로 던져지는 벌을 받을까? 사후 어떤 세계가 펼쳐질 지는 아무도 모르지만 우리는 '나의 죽음', 이 세상에서 내 존재가 영원히 사라지는 상황을 떠올리면 욕심과 분노로 가득했던 마음을 누그러뜨릴 수밖에 없다. 나의 죽음을 애도하기는커녕 '쓸모 없는 인간, 잘 죽었네' 하는 반응이 돌아온다고 생각해 보자. '남겨진 사람들 기억 속에 그런 이미지로 남든 말든 나는 이 세상에 없으니 상관 없어'라고 자신 있게 말할 사람이 있을까? 죽음을 의식한 사람이 착한 일을 하고 싶어지는 심리를 심리학에서는 '스크루지 효과'라고 한다.

영국 소설가 찰스 디킨스의 대표작을 꼽으라면 『크리스마스 캐럴』을 드는 이가 많을 것이다. 이 이야기에서 냉혹하고 무자비한 구두쇠 주인공 스크루지는 크리스마스 전날에 유령을 만나 자신의 서글픈 죽음과 미래를 본다. '이런 죽음을 맞이해서는 안 돼.' 스크루지는 마음을 고쳐먹고 주위에 선행을 베푼다.

심리학에 '스크루지 효과'라는 용어가 있다. 쉽게 떠올릴 수 있듯이 『크리스마스 캐럴』의 주인공 스크루지에서 비롯된 용어로 '죽음을 생각하면 사람은 착한 일을 하고 싶어진다'라는 심리 효과를 일컫는다.

독일 루트비히막시밀리안 뮌헨대학교의 에바 요나스(Eva Jonas) 박사는 장례식장 앞에서는 누구나 무의식적으로 '죽음'을 생각하게 되므로 자기도 모르게 좋은 일을 하게 될 가능성이 크다는 가설을 세웠다. 이 가설을 검증하기 위해 연구팀은 장례식장 앞과 장례식장에서 150미터 떨어진 곳에서 보행자에게 말을 걸어 설문에 답하게 했다. 열 가지 자선활동에 관해 '어느 정도 유익하다고 생각하십니까?'를 물어 보았다. 각각의 활동에 1부터 10점까지 평가해 달라고 부탁했으니, 총 100점 만점이다.

장례식장 앞에서 답한 보행자의 설문 점수는 평균 50.75점이었다. 장례식장이 시야에 들어오지 않도록 150미터 떨어진 장소에서 답한 보행자의 설문 점수는 평균 43.93점이었다. 장례식장이 눈앞에 있으면 선행을 하고 싶은 충동이 강해지는 걸까? '자선 활동은 무척 중요하다'라는 응답을 많이 한다는 사실이 이 실험으로 증명되었다.

누구든 '자신의 죽음'을 떠올리면 사회에 무언가를 남기고 싶다거나 보탬이 되고 싶은 마음이 든다. 또 다른 사람에게 친절을 베풀고 싶은 마음이 솟아나는 모양이다. 미국의 대부호 중에는 젊은 시절에 상당한 악행을 저지르다 만년에 막대한 재산을 기부하고 도서관을 세우는 등 사회 공헌 활동에 힘쓰는 사람이 적지 않다. '철도왕'이라는 별명으로 알려진 앤드루 카네기, 마이크로소프트의 창업자 빌 게이츠도 젊어서는 냉혹한 사업가의 모습을 보였으나 나이가 들면서 엄청난 금액을 통 크게 내놓는 기부왕으로 변신했다. 이들도 나이를 먹으며 문득 자기 죽음을 생각하지 않았을까. 그러자 스크루지 효과가 나타났고 사회에 이바지하고 싶은 마음이 절실해져 막대한 재산을 기부하게 되었다고 추측할 수 있다.

심리 실험 30

정부의 경고보다 자신의 꿈을 믿고 따르는 사람이 더 많다는 게 사실일까?

미국 카네기멜론대 캐리 모어웨지 교수의
'꿈 해석 실험'

무서운 꿈을 꾸고 난 후 혹시나 예지몽이 아닐까 싶어 불안감에 휩싸인 적이 있는가? 우리는 매일 밤 꿈을 꾸며 그중 어떤 꿈은 너무도 선명하게 기억에 자리하거나 혹은 꿈 속에서의 긴장과 떨림이 잠을 깬 후까지 이어지기도 한다. 그래서 이런 강렬한 꿈은 특별한 의미가 있을 것이라는 생각을 하기 마련이다. 꿈이 상징하는 바를 해석해 주는 전문가와 전문서가 다양한 문화권에 오래 전부터 존재해 온 것을 보면 꿈이 우리 자신에게 미치는 영향력은 상당한 수준이라고 볼 수 있다.
미국 카네기멜론대학교 캐리 모어웨지 교수는 정부의 공식 발표와 어젯밤 꿈 중 무엇을 더 신뢰하는지를 알아보는 설문 조사를 실시했다. 과연 우리는 어젯밤 내가 꾼 꿈을 더 신뢰할까?

무서운 꿈을 꾼 뒤 우리는 '현실에서도 똑같은 일이 일어나면 어쩌지?'라고 걱정하며 가슴 졸일 때가 있다. 어차피 꿈일 뿐 현실이 될 근거는 조금도 없지만 정말로 불행할 일이 일어날 것 같은 불안감에 사로잡히곤 한다.

미국 펜실베이니아주 카네기멜론대학교의 캐리 모어웨지(Carey K. Morewedge) 교수는 우리가 자면서 꾼 꿈이 실제로 일어날 것을 두려워하는 심리를 분석했다. 연구팀은 보스턴의 한 역에서 출퇴근하는 사람들에게 설문 조사를 했는데, 그중 절반에게 다음과 같이 질문했다.

"여러분이 비행기를 타고 가는 여행을 계획하고 예약까지 마쳤는데, 출발 전날 정부에서 '테러 위험이 높다'고 발표한다면 어떻게 하겠습니까? 일정을 변경하지 않고 그대로 여행을 떠나겠습니까?"

5점 만점으로 '반드시 간다'를 1점, '절대 가지 않는다'를 5점으로 잡고 물었더니 대부분 1점을 주었다. 정부의 경고와 상관없이 사전 계획한 여행을 중지하지 않겠다는 사람이 훨씬 많았던 것이다.

연구팀은 나머지 절반에게는 살짝 변경된 질문을 던졌다.

"여러분이 비행기를 타고 가는 여행을 계획하고 예약까지 마쳤는데, 출발 전날 밤 여러분이 탄 비행기가 추락하는 꿈을 꿨다면 어떻게 하겠습니까? 일정을 변경하지 않고 그대로 여행을 떠나겠습니까?"

자, 어떤 대답이 나왔을까? 이번에는 5점 만점에 1.5점이라는 결과가 나왔다. 역시 여행을 중지하지 않겠다는 사람이 훨씬 많았다. 그러나 정부의 경고보다 자기 꿈을 믿는 사람이 더 많다는 사실도 알 수 있었다.

연구팀은 이 결과를 놓고 우리에게는 자신의 직감을 믿고 싶어 하는 마음이 있다고 분석했다. 상식적으로 생각하면 정부가 아무 근거 없이 국민을 불안하게 하는 내용을 발표할 리 없으니 정부 발표를 믿는 게 합리적이다. 그러나 우리는 정부 발표보다 자신의 꿈을 믿으려는 경향이 있다.

물론 우리 직감이 적중할 때도 있다. 호화 여객선 타이타닉호가 그 역사적 출발을 하기 직전 미국의 대부호 록펠러는 갑작스럽게 가슴이 울렁거리는 증상을 느껴 승선을 중단했고 그럼으로써 목숨을 건졌다는 이야기는 잘 알려져 있다. 록펠러의 예처럼 이런 일이 현실에서 아주 없는 것은 아니지만 역시 정부의 주의 경보가 있을 때는 순순히 따르는 게 신상에 이롭지 않을까.

심리 실험 31

친구의 생일이 자기 생일과 가까울수록 정확히 기억할 확률이 높아진다?

미국 버지니아대 셀린 케세비르 박사의
'기억에 있어서 자기 참조 효과 실험'

친구, 지인의 생일을 얼마나 잘 기억하고 있는가? 우리가 무언가를 기억하는 데 가장 큰 영향을 미치는 것은 '자기 자신과 얼마나 연관이 있는가'라고 한다. 이를 심리학에서는 '자기 참조 효과'라고 하는데, 자기와 관련 있는 일이라면 쉽게 기억할 수 있지만 자기와 별 연관이 없는 일을 기억하려면 어느 정도 노력을 기울여야 한다는 것이다. 생일을 예로 들면, 친구 생일이 자기 생일과 가깝다면 그 친구와의 친밀도와 상관 없이 친구의 생일을 잘 기억하게 된다.
미국 버지니아대학교 셀린 케세비르 박사의 연구를 통해 '자기 참조 효과'를 좀 더 알아보자.

잠시 눈을 감고 친구의 얼굴을 떠올려 보자. 대략 열 명 정도면 충분하다. 자, 이제 그들의 생일을 정확하게 말해 보자. 그중 몇 명의 생일을 기억하고 있는가?

'어라? A 생일은 아는데 B 생일은 언젠지 모르겠네.'

딱히 친하지 않은데도 이상하게 생일만 기억하고 있는 친구가 있는가 하면 제법 친하다고 생각했는데 생일이 도무지 기억나지 않는 친구도 있다.

사실 여기에는 이유가 있다. '자기 생일과 가까운지' 여부에 따라 기억이 달라지기 때문이다. 예컨대 내 생일이 8월이라면 같은 8월에 태어난 친구나 7월이나 9월에 태어난 친구의 생일은 비교적 기억에 선명하게 남고, 2월이나 11월처럼 내 생일과 멀리 떨어진 친구의 생일은 가물가물 떠오르지 않는다. 이를 심리학에서는 '자기 참조 효과(self-reference effect)'라고 한다. 자기와 가깝거나 관련 있는 일이라면 머릿속에 쏙쏙 들어와서 기억되지만, 자기와 동떨어졌거나 관련성이 적은 일은 노력을 해야만 기억할 수 있다.

미국 버지니아대학교의 셀린 케세비르(Selin Kesebir) 박사는 대학생 225명에게 친구 10명의 이름을 적어 달라고 하며,

Birthday

만약 그 친구의 생일을 정확히 기억하고 있다면 생일도 적어 달라고 부탁했다. 그러자 친구 10명 중 평균 4.72명의 생일을 기억하고 있다는 결과가 나왔다.

또 생일을 기억한 친구의 생일과 자기 생일의 차이를 조사했더니 아주 가깝다는 사실도 판명되었다. 평균 78.9일 정도의 차이가 있으면 생일을 기억했다. 반대로 생일을 기억하지 못하는 친구의 생일을 나중에 따로 조사했더니 실험 참가자의 생일과 제법 멀리 떨어져 있다는 사실도 알게 되었다. 우리는 자기 생일과 비교적 가까운 사람의 생일이라면 수월하게 기억할 수 있다. 이것이 바로 자기 참조 효과로 발생한 현상이다.

한편 이 연구 결과 남녀 차이가 있다는 사실도 밝혀졌다. 일반적으로 여성이 남성에 비해 친구의 생일을 더 잘 기억했다. 남성은 친구 10명 중 평균 3.38명의 생일을 기억한 데 반해 여성은 친구 5.26명의 생일을 기억하고 있었다. 남성은 친구 생일쯤이야 대충 넘어가도 좋다고 생각하기에 기억하지 못하고 여성은 친구를 소중히 여겨 생일까지 기억하려 애쓰는 덕분이 아닐까.

심리 실험 32

'하늘이 다 보고 있다'라는 생각이 실제로 나쁜 짓을 억제하는 제동장치 역할을 한다는데?

미국 아칸소대 제시 베링 교수의
'초자연적 힘에 대한 믿음이 인간 행동에
미치는 영향 실험'

나의 행동을 누군가 보고 있다는 것을 의식하면 우리는 작은 쓰레기조차 함부로 버리지 못한다. 그래서 CCTV가 설치되어 있다는 표지판 하나가 공공 질서 유지에 도움이 되고 위험한 범죄를 사전에 어느 정도 막을 수 있는 것이다. 그러니 이 세계를 창조하고 나의 중심을 잡아 주는 위대한 신이 늘 가까이에서 지켜보고 있다고 믿으면, 신이 다 보고 있는데 어떻게 나쁜 행동을 할 수 있겠는가. 그런데 위대한 신뿐 아니라 유령이나 귀신의 존재를 의식할 때에도 역시 나쁜 짓을 저지르기 힘들다고 한다.

미국 아칸소대학교 제시 베링 교수가 인지심리 실험을 통해 이를 입증했다.

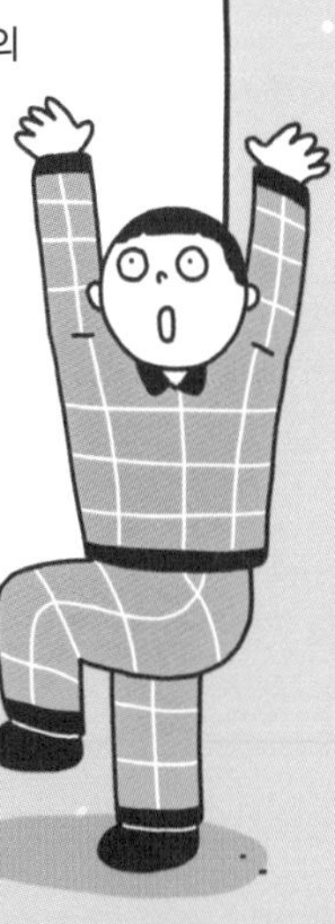

주위에 누구라도 있으면 우리는 기본적으로 악행을 저지르지 않는다. '하늘이 다 보고 있다'는 마음이 나쁜 짓을 억제하는 제동장치 역할을 하는 셈이다. 누가 나를 계속 지켜보고 있다고 생각하면 사회 전체가 정직해지지 않을까. 그래서 전 세계 어느 사회에서나 우리는 자기 행동을 바로잡아 주는 존재로 신 같은 위대한 존재를 생각해 내지 않았을까.

그런데 우리는 유령이나 귀신이 있는 곳에서도 나쁜 짓을 삼가는 경향이 있다. '유령이 나를 보고 있다'고 생각하면 역시 나쁜 짓을 저지르기 힘든 모양이다. 미국 아칸소대학교의 제시 베링(Jesse M. Bering) 교수가 이를 실험으로 입증했다. 베링 교수는 학생들을 컴퓨터 앞에 앉혀 놓고 시험을 보기 전에 주의사항을 알려 주었다.

"프로그램에 문제가 있어서 가끔 화면에 정답이 노출될 때가 있는데, 그럴 때는 바로 스페이스 바를 누르세요. 그러면 정답이 사라집니다."

스페이스 바를 누르면 정답이 사라지지만 작정하면 얼마든지 부정을 저지를 수 있게 장치해 둔 것이다.

"이 실험실에는 예전에 돌연사한 학생의 유령이 나온다는

나쁜 짓 하면
어떻게 되는지 알지?
!!

소문이 있는데, 너무 신경 쓰지는 말고."

그리고 일부 학생에게는 시험 시작 전에 슬쩍 유령이 나온다고 귀띔했다. 물론 꾸며 낸 이야기였다.

베링 교수는 시험을 치르는 도중에 스페이스 바를 누르는 시간을 측정했다. 유령 이야기를 듣지 않은 조건에서는 약 7초 만에 스페이스 바를 눌렀다. 정답이 화면에 나오고 나서 7초 동안 보고 있었으니 충분히 부정을 저지를 수 있는 시간이다.

그렇다면 유령 이야기를 들었던 학생들은 어땠을까? 이들은 평균 약 4초에 스페이스 바를 눌렀다. 정답이 화면에 노출되어도 정직하게 바로 스페이스 바를 눌러 삭제했다는 사실을 알 수 있을 정도로 짧은 시간이다.

베링 교수는 실험 결과를 이렇게 정리했다. "우리는 초자연적인 존재를 느끼면 무척 정직해진다. '나쁜 짓을 하면 안 된다'고 마음의 고삐를 단단히 틀어쥐고 행동거지를 바로잡는다."

요즘 사람들은 신의 존재를 그다지 믿지 않는 경향이 있다. 그래서인지 나쁜 짓을 아무렇지도 않게 저지르는 사람이 늘어났다는 느낌이 든다. 이렇게 연관 짓는 게 억측이라고 볼 수만은 없지 않을까.

심리 실험 33

사람들이 흔히 믿는 것처럼 날씨와 관절염은 실제로 밀접한 관련이 있을까?

캐나다 토론토대 도널드 레델마이어 교수의 '관절염 증상과 날씨의 관계 실험'

비가 내리는 날에는 팔다리가 쑤시고 무릎, 어깨 등 관절이 평소보다 더 시큰거린다. 아니 비가 내리지 않아도 구름이 잔뜩 내려앉은 우중충한 날에는 무거운 기압에 짓눌린 듯 온몸이 무거우며 여기저기가 아프다. 젊은 나는 아직 이런 증상이 확실하지 않지만 나이 드신 부모님에게서 흔히 이런 말을 들어 왔다. 궂은 날씨가 왜 몸을 쑤시게 할까? 진짜 날씨와 몸이 느끼는 통증 사이에 어떤 뚜렷한 관련이 있는 것일까? 캐나다 토론토대학교의 교수이자 의사인 도널드 레델마이어가 그 해답을 알려 줄 것이다.

날씨와 관련해 우리는 이런저런 믿음을 가지고 있다. 아니, 그저 개인적 믿음에 그치지 않고 누구에게나 적용되는 객관적 진실이라며 확신한다.

"비 오는 날에는 무릎이 이렇게 더 시큰거린다니까."

흔히 들을 수 있는 말이다. 정말로 날씨가 궂으면 무릎이 쑤실까?

캐나다 토론토대학교 의학과의 도널드 레델마이어(Donald A. Redelmeier) 교수는 류머티즘성 관절염을 앓는 환자 18명에게 15개월에 걸쳐 관절염 양상을 기록해 달라고 했다. 환자들은 어떤 때 관절염이 심해지는지, 또 어떤 때 통증이 줄어드는지를 기록했다. 한편 레델마이어 박사는 환자가 사는 지역의 날씨, 기압, 기온, 습도 등을 조사했다. 나중에 환자의 기록이 완성되었을 때 이들 요인과의 관련성을 분석하기 위해서였다.

사전 조사에서는 환자 18명 중 17명이 '자기 관절염과 날씨가 밀접하게 관련되어 있다'라고 믿었다. 또 그중 15명이 '이 관계성은 너무도 확고해 그날 안에 통증이 발생한다'라는 믿음을 가지고 있었다.

15개월에 걸친 통증 추이 조사 결과는 어떻게 나왔을까? 날

내가 뭘
어쨌다고?
무릎

씨는커녕 기압, 기온, 습도 등 어느 요인도 통증과 무관했다. 비가 내린다고 해서 관절염이 심해지지도 않거니와 습도가 높은 날이라고 특히 심해지지도 않았다. '비 오는 날에는 무릎이나 어깨 등이 더 시큰거린다'라는 생각은 완전히 잘못된 믿음이었던 셈이다.

레델마이어 교수는 날씨와 기압 데이터와 관절염 통증을 스스로 기록한 보고서 자료를 2일 전, 1일 전, 1일 후, 2일 후로 조건을 두어 비교해 보았다. 비 내린 다음 날에 통증이 심해진다거나 전날 심해진다거나 하는 시차가 생길 수 있기 때문이다. 이렇게 시차를 고려해도 역시 날씨와 관절염 통증과의 관계성은 0이었다.

'날씨와 병 사이에 모종의 관계가 있다.'

우리는 막연한 믿음을 사실이라고 믿으며 산다. 날씨에 따라 만성 질환이 심해진다고 느끼는 사람이 있을 수 있지만, 아무래도 착각이기 쉽다. 만약 관계가 있더라도 그건 본인의 믿음에 몸이 반응하는 증상으로 단순한 자기 암시에 불과하다. '비가 내리면 무릎이 쑤신다'라는 암시를 자기에게 걸어 무릎이 아프다고 느낄 뿐이지 실제 날씨가 무릎에 악영향을 미치는 건 아니다.

?
위험

CHAPTER
3

뇌는 왜 '위험 정보'를 가장 먼저 감지할까?

심리 실험 34

능력이 떨어지는 사람일수록 자신을 과대평가하는 경향이 심한 까닭은?

미국 코넬대 데이비드 더닝 교수의
'자기의 부족함을 제대로 파악하지 못하는
사람에 관한 실험'

일이나 공부에 있어서, 내가 얼마큼 성취할 수 있는지 또는 내가 어느 정도의 실력을 갖추고 있는지 정확히 파악하고 있는가?
미국 코넬대학교의 데이비드 더닝 교수는 "왜 사람들이 자기의 부족함을 제대로 파악하지 못하는가"라는 주제로 연구를 진행했다. 더닝 교수의 연구 결과 학습 능력이 뛰어난 학생은 자기 능력을 거의 정확하게 알고 있는 반면 뒤처진 학생은 자기가 얼마나 부족한지조차 알지 못하는 것으로 밝혀졌다. 더닝 교수의 흥미로운 연구 속으로 들어가 보자.

공부가 뒤처지는 학생은 자기가 얼마나 뒤떨어져 있는지 모른다는 점에서 이중의 문제를 안고 있다고 할 수 있다.

'나는 능력이 부족하니까 더 열심히 해야 해.'

이렇게 부족함을 인정하고 노력해야 성장할 수 있다. 그러나 능력이 없는 사람은 자기 능력이 부족하다는 사실조차 깨닫지 못한다.

미국 뉴욕주 코넬대학교의 데이비드 더닝(David Dunning) 교수는 학생들에게 45점 만점인 시험에서 자기가 어느 정도의 점수를 받을지 예상해 보라고 했다. 그런 후 실제로 시험을 친 결과 성적 상위자 25퍼센트는 시험을 치기 전에 자기 점수를 정확히 예상했다. 상위권 학생은 45점 만점에서 40점 이상의 높은 점수를 받았는데, 대개 자기가 예상한 수준의 점수를 실제로 받았다.

그런데 점수를 적게 받은 하위권 학생 25퍼센트는 달랐다. 하위권 학생은 33~34점을 받을 것이라고 예상했는데 실제로는 25점밖에 받지 못했다. 더닝 교수는 이 결과를 바탕으로 "능력이 떨어지는 사람은 자신의 부족함을 알지 못한다"라고 지적했다.

대다수 사람은 자기 능력이나 기술, 지식을 과대평가하는 경향이 있는데, 뒤처진 사람일수록 그런 경향이 더 심하다. 능력이 향상되거나 성공한 사람일수록 자신을 겸허하게 평가하는 모습을 보인다. 평소에 열심히 공부하는 학생일수록 '나는 아직 부족하다'라고 생각하고, 숙련된 기술이 중요한 장인도 기술이 손에 익어 달인이 될수록 '내 기술이 아직 부족하다'라며 겸손한 모습을 보인다.

뛰어난 장인이 '내 솜씨가 세계 최고'라고 큰소리치는 모습을 본 적 있는가. 숙련공이 될수록 자기 역량의 부족을 한탄하게 된다. 자신의 모자란 부분을 깨달을수록 능력을 갈고닦고자 이를 악물고 노력한다. 반면 무능한 사람은 '나는 할 수 있다'라고 착각한다. 그래서 노력할 필요성을 느끼지 못한다. 애초에 나는 할 수 있는데 굳이 노력할 필요가 있겠는가.

사실은 남보다 몇 곱절로 노력해야 하는데 현실에서는 그렇지 못하다. 충분히 노력해서 더 노력할 필요가 없는 사람일수록 더 노력하고, 노력이 필요한 사람은 노력하지 않는 불가사의한 역전 현상을 곳곳에서 볼 수 있다.

심리 실험 35

왜 유독 간호사들 사이에 직장 내 괴롭힘이 심각할까?

영국 켄트대 린 퀸 교수의
'간호사들 간 직장 내 괴롭힘 문화 실험'

'태움'이라는 말을 들어 봤는가? 몇 년 전부터 대중에게도 알려진 이 단어는 간호사들 사이에서 '영혼이 재가 될 때까지 태운다'라는 의미로 만들어진 것이다. 맥락을 모르고 보면 간호사의 엄청난 '희생과 헌신'을 의미하나 싶지만 '태움'은 사실 무척 끔찍하고 어처구니없는 상황을 말한다. '태움'은 신규 간호사를 교육한다는 미명으로 괴롭히며 길들이는, 간호사 집단 내에서 벌어지는 온갖 잔혹행위다. 괴롭힘당하다 못해 간호사 직을 아예 떠나거나 삶을 스스로 버리게까지 만드는 이런 괴롭힘 문화는 대체 왜 생겨났을까?

제법 오래 전부터 간호사는 '천사'라는 이미지가 함께해 왔다. 그래서인지 간호사는 상냥하고 환자에게 친절한 사람으로 여겨지곤 한다. 그러나 간호사 세계에 여느 직장처럼, 아니 여느 직장 이상으로 '직장 내 괴롭힘'이 만연해 있다는 사실이 이제는 공공연히 알려져 있다.

영국 켄트대학교의 린 퀸(Lyn Quine) 교수는 간호사의 직장 내 괴롭힘 문화를 심도 있게 조사했다. 퀸 교수는 의료 관계자 1,100명을 대상으로 '지난 12개월 내에 괴롭힘을 당한 적이 있는지'를 물었다. 그러자 '있다'고 대답한 간호사가 무려 44퍼센트였다. 또 '다른 동료가 괴롭힘 당하는 현장을 목격한 적이 있다'고 대답한 간호사도 50퍼센트나 되었다. 참고로 상담사나 의사, 병원 스태프 등 간호사 이외의 의료 관계자 가운데 괴롭힘 당한 적이 있다고 대답한 이들은 35퍼센트였다.

간호사와 다른 의료 관계자는 괴롭힘 방법에서도 차이가 있었다.

- 인격을 부정하는 말을 들었다.
- 불쾌하게 비꼬는 말을 농담처럼 던졌다.

- 업무에 필요한 정보를 일부러 가르쳐 주지 않았다.
- 아무리 애써도 달성할 수 없는 목표를 주고 닦달했다.
- 정신적으로 심하게 압박했다.

이들이 간호사 세계에서 가장 흔한 괴롭힘 방식으로 꼽혔다. 애초에 괴롭힘에는 밝은 이미지가 없지만, 간호사 세계의 괴롭힘에는 한층 음침한 분위기가 따라붙는다. 왜 유독 간호사들 사이에 직장 내 괴롭힘이 심각할까? 간호사들은 정신없이 바쁘게 돌아가는 업무 환경을 이유로 꼽았다. 타고난 성격이 온화한 사람도 일에 쫓기면 정신적으로 여유가 없어져 스트레스가 쌓이고 누군가에게 화풀이해서 스트레스를 풀고 싶어질 때가 있게 마련이다.

괴롭힘은 용서받을 수 없는 행위다. 괴롭히는 간호사도, 괴롭힘 당하는 간호사도 모두 사람이다. 정신적으로 궁지에 몰렸다고 해서 다른 사람을 괴롭힘으로써 자기 스트레스를 해소하겠다는 것은 결국 괴롭힘의 악순환만 반복하는 일일 뿐임을 잊지 말아야 할 것이다.

심리 실험 36

음악을 들으며 걸을 때보다 휴대폰으로 통화하며 걸을 때 집중력이 3~4배나 떨어진다는데?

미국 웨스턴워싱턴대 아이라 하이먼 교수의 '휴대폰으로 통화하면서 길을 걸을 때 얼마나 부주의하게 되는지 여부 실험'

외출하면서 지갑을 두고 나왔을 때보다 휴대폰을 두고 나왔을 때 훨씬 불안해진다는 사람들이 늘고 있다. 남녀노소 누구든 휴대폰을 늘 손에 쥐고 있는 모습은 이제 익숙한 광경이다. 길을 걷고 횡단보도를 건너면서 통화를 하거나 영상을 보는 등 휴대폰에 눈을 고정한 채 다니는 사람들도 흔하다. 버스 운전자가 휴대폰을 들여다보다 심각한 교통사고를 유발했다는 뉴스 기사가 들려오는 것처럼 휴대폰으로 통화를 하거나 메시지를 확인하거나 동영상을 보는 동안 우리는 주위를 살피는 데 매우 부주의해진다. '나는 두세 가지를 동시에 할 수 있어서 전혀 문제 없어'라며 과신하지 말자. 의식이 한 가지에 집중되어 있으면서 다른 일을 동시에 할 수 있는 사람은 없다.

2018년 일본에서는 스마트폰을 보며 자전거를 타고 가던 이와 부딪힌 보행자가 사망하는 사건이 있었다. 스마트폰에 눈을 고정한 채 돌아다니는 일명 '스마트폰 좀비', 줄여서 '스몸비'가 얼마나 위험한지를 잘 보여 준 사건이었다.

요즘은 길에서 스마트폰으로 통화를 하거나 스마트폰 화면을 들여다보며 걸어 다니는 사람을 쉽게 볼 수 있다. 자신은 특별히 위험할 게 없다고 생각할 수 있는데, 사실 이는 심리학적으로 엄청나게 위험한 상황이다. 그러니 길에서 걷고 있을 때는 절대로 스마트폰을 들여다보지 말자. 만일 스마트폰을 사용해야 할 일이 생기면 잠시 멈춰 서서 볼일을 본 후 다시 이동해야 한다.

스마트폰을 만지고 있으면 눈을 뜨고 있어도 주의력이 전혀 작동하지 않는다. 이는 곧 '눈을 감은 상태'와 같다. 우리는 스마트폰에 의식을 집중하며 주위도 살피는, 두 가지 일을 동시에 수행할 수 없기 때문이다.

미국 웨스턴워싱턴대학교의 아이라 하이먼(Ira Hyman) 교수는 대학 내 광장을 활용한 실험을 기획했다. 웨스턴워싱턴대학교에는 건물과 도서관 사이에 '레드스퀘어(Red square)'라는 널찍한 광장이 있는데, 하이먼 교수는 그 광장의 기념물 앞에서 광대 분장을 한 조수에게 외발자전거를 타고 있게 했다.

광대는 선명한 보라색, 노란색 옷을 입고 큼직한 구두를 신고 크고 둥근 새빨간 코를 붙이고 있었다. 화려한 복장에 외발자전거까지 타고 있으니 눈에 띄지 않을 수 없는 광경이었다. 대학 공간에 어울리지 않는 복장을 한 광대가 외발자전거를 타고 있는데 못 보고 지나칠 사람이 어디 있을까?

그런데 광대의 존재를 알아차리지 못한 학생들이 있었다. 연구팀은 학생들이 광대 앞을 확실하게 지나서 광장을 벗어났을 때 말을 걸었다.

"뭔가 이상한 걸 보지 못했나요?"

광대라고 대답하지 못한 학생들에게는 아예 대놓고 물었다.

"광대가 있었는데, 못 봤어요?"

연구팀은 광장을 지나간 사람을 '휴대폰으로 통화하며 걸어간 사람' 그룹, '혼자 걸어간 사람' 그룹, '음악을 들으며 걸어간 사람' 그룹으로 나누어 자료를 분석했다.

그러자 다음과 같은 결과가 나왔다.

휴대폰으로 통화하며 걸은 그룹은 불과 25퍼센트만 광대의 존재를 알아차렸다. 나머지 75퍼센트는 '광대의 존재를 전혀 눈치채지 못했다'라고 대답했다. 우리는 다른 일에 정신이 팔리면 누가 봐도 이상한 상태일지라도 알아차리지 못한다는 사

하이먼 교수의 실험 결과

	뭔가 이상한 걸 보지 못했나?	(직설적으로) 광대를 봤나?
휴대폰으로 통화하며 걸어간 사람 (24명)	8.3%	25.0%
혼자 걸어간 사람(78명)	32.1%	51.3%
음악을 들으며 걸어간 사람(28명)	32.1%	60.7%

※ 수치는 '봤다'고 대답한 사람의 비율

실을 알 수 있다.

연구팀은 둘이서 대화하며 걸어간 사람들에 관한 자료도 분석했는데, 단순히 이야기를 나누며 걸어간 사람들의 상태는 양호했다. 휴대폰으로 통화 중이던 사람들만 주위를 전혀 살피지 못했다.

이 연구를 보면 '스마트폰 좀비'가 얼마나 위험한지를 알 수 있다. 나는 제대로 주위를 살피고 있다고 장담하지 말라. 대개의 사고는 '나는 괜찮다'라는 근거 없는 자신감에서 비롯되는 경우가 많기 때문이다.

심리 실험 37

자기 이익과 상대방의 손실이 같아지는 조건에서 거짓말하는 비율이 크게 늘어나는 심리학적 이유는?

미국 시카고대 유리 그니지 교수의
'속임수 실험'

크고 작은 협상에서 우리는 내가 당연히 유리한 입장에 놓이기를 바란다. 그래서 상황이 자기에게 유리해지도록 전력을 기울이고 이럴 때 하는 거짓말은 능수능란한 협상 기술이라며 합리화하기도 한다. 그런데 협상에서 내가 일방적으로 유리한 입장이라면, '협상'이라고 말할 수도 없이 내가 무조건 이익을 얻는 상황이라면 어떨까? 그렇더라도 상대를 골탕 먹이고 속이기 위해 애를 쓸까?

미국 시카고대학교 유리 그니지 교수가 설계한 협상 게임의 결과를 지켜보자. 실력차가 많이 나는 상대와 맞붙은 맥 빠진 스포츠 경기에서 나는 어떻게 행동할 것인가?

우리는 자기가 유리한 상황에서는 상대방에게 부당한 처사를 할 생각을 여간해서는 하지 않는다. 내 입장이나 조건이 유리하다면 상대방에게 굳이 심한 짓을 할 필요가 없지 않은가. 비즈니스 협상에서 자기 이익을 위해 본심을 숨기는 건 당연하다. 그런데 만약 내가 일방적으로 유리한 입장이라면 어떨까? 이럴 때는 되도록 거짓말을 하지 않게 된다. 상대방이 가엾게 느껴지기 때문이다.

거짓말이 가장 많아지는 상황은 상대방과 공정한 조건에서 협상을 벌일 때다. 서로의 입장이 동등하면 스포츠처럼 서로 전력을 다해 싸워야 한다. 최대한 자기 이익을 늘리기 위해 거짓말을 해도 어쩔 수 없다고 열심히 합리화한다.

미국 일리노이주 시카고대학교의 유리 그니지(Uri Gneezy) 교수는 참가자가 짝을 이루어 돈을 나누어 가지는 협상 게임을 설계했다. 참가자 1로 배정된 사람은 돈을 둘로 나누어 참가자 2에게 주며 다음과 같이 제안했다.

"A를 선택하면 당신이 돈을 더 많이 받을 수 있습니다."

"B를 선택하면 내가 돈을 더 많이 받습니다."

이때 참가자 1은 얼마든지 거짓말을 할 수 있다.

"정확히 절반으로 나눴습니다. 진짜예요."

이처럼 정직하게 제안할 수도 있다.

참가자 2는 참가자 1의 제안을 받아들일지 말지 결정할 권리가 있다. 제안이 마음에 들지 않으면 거부할 수 있다. 이때 참가자 1이 거짓말을 성공시켰을 때는 조건에 따라 추가로 보너스를 지급했다. 그 경우 참가자 2는 거짓말을 간파하지 못해 벌금 손실이 발생했다. 이런 상황에서 참가자 1은 어느 정도로 거짓말을 했을까?

자기는 1달러 보너스를 받지만 상대방에게 10달러 손실이 생길 때는 거짓말을 자제했다. 상대방에게 일방적으로 손실을 주는 건 공정하지 않다고 생각하기 때문이다. 반면 자기 보너스와 상대방의 손실이 같은 금액이 되면 거짓말하는 사람이 늘어났다. 거짓말을 성공시켰을 때 자기가 받는 보너스와 상대방의 손실이 거의 같아지면 공평한 조건이라고 말한다.

유리 그니지 교수의 실험 결과

거짓말을 성공시켰을 때의 조건	거짓말한 비율
참가자 1에게 1달러 보너스 + 참가자 2에게 10달러 손실	17%
참가자 1에게 1달러 보너스 + 참가자 2에게 1달러 손실	36%
참가자 1에게 10달러 보너스 + 참가자 2에게 10달러 손실	52%

스포츠든 협상이든 서로 같은 조건에서 승부를 겨루는 게 재미있다. 자기에게 일방적으로 유리한 규칙이 적용되는 상황에서는 재미를 느낄 수 없다. 그런 상황에서는 상대를 괴롭히고 싶어지지 않는 법이다.

심리 실험 38

상대방과 공유할 '공동의 적'을 찾아내기만 하면 그와의 친밀도가 크게 올라간다고?

미국 오클라호마대 제니퍼 보슨 교수의
'부정적인 태도를 공유함으로써 유대감이
강화되는 현상 실험'

누군가를 함께 욕하면서 친해진 경험이 있지 않은가? 어린 시절 친구 사이에서도 그렇고 학교나 직장에서 '공통의 적' 같은 인물이 있으면 그 '적'을 제외한 다른 사람들끼리는 돈독한 사이가 되곤 한다. 이렇게 부정적 감정을 공유하는 사람들 사이 유대감이 강화되는 것에 대한 연구가 있다.
미국 오클라호마대학교의 제니퍼 보슨 교수는 학생들에게 '인생 첫 친구'와 관련된 추억을 떠올리며, 그 친구와 함께 좋아했던 인물 또는 함께 싫어했던 인물의 이름을 말해 보게 했다. 어떤 결과가 나왔을까? 독자 여러분이 예상하는 딱 그대로다.

“적의 적은 친구”라는 말이 있다. 같은 인물을 싫어하는 사람 사이에는 이상하게 친밀감이 생겨나며 사이가 돈독해지는 상황을 가리킨다. 회사에서도 꼴불견 상사가 있는 경우 팀원 간 연대감이 강화될 때가 있다. 상사라는 공통의 적에 맞서 팀원끼리 뭉쳐 하나가 될 수 있다. 그렇다면 못된 상사의 존재는 팀의 동지의식을 불태울 수 있기에 그렇게 나쁜 일이 아닐 수도 있다.

미국 오클라호마대학교의 제니퍼 보슨(Jennifer K. Bosson) 교수는 한 가지 실험을 기획했다. 보슨 교수는 학생들에게 ‘인생 첫 친구’와 관련된 추억을 들려 달라고 했다. 그리고 그 친구와의 관계에서 ‘둘 다 싫어했던 인물’이나 ‘둘 다 좋아했던 인물’도 떠올려 보라고 했다.

그러자 친구와 함께 싫어했던 인물의 이름을 떠올린 학생은 16.33퍼센트, 함께 좋아했던 인물의 이름을 떠올린 학생은 4.56퍼센트였다. 친구와 함께 좋아했던 인물보다 함께 싫어했던 인물을 훨씬 더 잘 기억한 것이다.

누군가를 싫어하고 미워하면 마음이 괴롭다. 그 사람을 생각하기만 해도 기분이 안 좋아진다. 그럴 때는 그 사람을 싫어하는 사람이 있는지 주위를 두루 살펴보자. 나와 마찬가지로 그 사람을 못마땅하게 여기는 사람을 반드시 찾아낼 수 있게 마련이다. 서로 싫어하는 사람이 같은 사람끼리는 단짝이 될 수 있다.

누군가와 친해지고 싶을 때 '공통의 적'을 찾는 게 좋은 방법이 될 수 있다.

"나는 그 사람이 마음에 안 들어. 이상하게 불편하더라."

"어머, 너도 그래? 나도 그런데."

이런 식으로 이야기가 흘러가다 보면 만난 지 얼마 안 된 사이라도 오랜 친구처럼 친해질 수 있다.

현실 세계에서 '공통의 적'을 찾기 어렵다면 유명인이나 연예인도 상관없다. 서로 싫어하는 배우나 개그맨을 찾으면 마찬가지로 친밀감이 샘솟는다. 우리는 나와 닮은 사람이나 공통점이 많은 사람에게는 무심코 마음을 연다. 나와 같은 처지에서 고민하는 사람을 찾으면 인생에서 둘도 없는 친구가 될 수 있다.

심리 실험 39

인간 뇌는 왜 풍경화에서 가장 작게 그려진 뱀 등의 위험 정보를 가장 먼저 감지할까?

미국 럿거스대 버네사 러부 교수의
'위험을 신속하게 감지하는 인간 능력 실험'

우리는 생명을 위협받을 수 있는 대상을 본능적으로 인지하고 순간적으로 주의를 집중하는 능력을 갖추고 있다. 이렇게 즉각 위기를 감지하고 바로 대응할 수 있었던 인간만이 살아남아 오늘날까지 이어졌기 때문이다. 그렇다면 인간은 어떻게 그렇게 신속하게 위험을 탐지할 수 있을까?
이를 증명하기 위해 미국 럿거스대학교의 버네사 러부 교수는 실험 참가자에게 다양한 사진을 보여 주기에 앞서 참가자 머리에 시선 추적 장치를 부착했다. 참가자의 시선을 따라가며 무엇에 가장 먼저 집중하는지 확인하는 이 실험 결과는 무엇을 알려 주었을까?

우리 뇌에는 위험한 대상을 인지하는 순간 바로 주의를 집중하게 하는 능력이 갖추어져 있다. 즉각적인 위기 감지와 대응 능력이 없으면 살아남을 수 없기 때문이다. 예를 들어 눈앞에 풍경화가 놓여 있다고 상상해 보자. 앙증맞은 들꽃, 맑은 연못, 아담한 집, 풀을 뜯는 소 등이 화면을 조화롭게 채운 그림 한쪽에 눈에 잘 띄지 않도록 작게 그린 뱀 한 마리가 숨겨져 있다.

이 풍경화를 보는 사람은 제일 먼저 어디에 시선을 집중할까? 아름답게 핀 들꽃일까, 아니면 화면에서 제법 큰 공간을 차지한 집이나 연못일까? 놀랍게도 많은 이들의 눈에 가장 먼저 들어오는 대상은 아주 작게 그려진 뱀이다. 우리 뇌는 '여기에 위험이 있다!'라고 바로 발견하고 주의를 환기해 시선을 집중시키며 경보를 울린다.

미국 뉴저지주 럿거스대학교의 버네사 러부(Vanessa LoBue) 교수는 실험 참가자에게서 60~80센티미터 거리를 두고 모니터를 설치한 후 다양한 사진을 보여 주었다. 실험에 앞서 참가자 머리에 시선 추적 장치(Eye Tracking)를 부착해 참가자의 시선을 따라가며 사진을 볼 때 어느 부분에 집중하는지 조사하고자 했다.

어떤 결과가 나왔을까? 사진 속에 '뱀'이나 '거미' 등이 나오면 바로 시선이 집중된다는 사실을 확인했다. 인간에게 위험한 대상에게는 1,461밀리초(1밀리초는 1초의 1,000분의 1)라는 찰나의 시간에 시선을 집중했다. 사진 속에는 '꽃', '식용 버섯' 등 인간에게 해를 주지 않는 대상도 있었는데 이런 것에 주목할 때까지는 1,549밀리초가 걸렸다. 이 실험으로 알 수 있듯 우리는 자기에게 아주 조금이라도 위험한 대상은 바로 알아차릴 수 있다. 신기하게도 이 반응은 시골에 살든 도시에 살든 거주지와 무관하게 나타난다. 시골에서는 지금도 종종 뱀을 볼 수 있지만 도시에서는 뱀을 만날 일이 거의 없다. 그런데도 도시 사람 역시 뱀을 보자마자 바로 뱀의 존재를 알아차린다.

위험을 감지하는 능력은 오랜 세월에 걸쳐 인류에게 갖추어진 능력이니 몇십 년 도시 생활을 한 정도로는 사라지지 않는다. 현대적 건물 사무실 바닥에 포장용 끈이 떨어져 있는 모습을 보고 뱀이라고 착각한 사람은 비명을 내지르고 펄쩍 뛰며 소스라치게 놀라는 모습을 보인다. 뱀이 있을 리 없는 공간과 환경이라는 걸 머리로는 알지만 뇌와 몸이 저절로 반응하기 때문이다.

심리 실험 40

맨 처음 쓰레기를 버리는 사람보다 두 번째, 세 번째로 쓰레기를 버리는 사람의 죄책감이 놀랍도록 약해지는 까닭은?

네덜란드 흐로닝언대 케이스 케이저 교수의
'무질서 확산 현상 실험'

거리에서 쓰레기통이 눈에 보이지 않아 우물쭈물하다 가로수 아래나 건물 모퉁이 등에 쓰레기를 슬쩍 내려놓은 경험이 있는가? 특히 주머니나 가방에 넣어 가지고 가기 곤란한 음료수 컵은 계속 들고 다닐 수 없어 눈치를 좀 보다 슬그머니 내려놓고 재빨리 그곳을 벗어나곤 한다. 어느 한 사람의 그러한 행동이 있은 후 그 쓰레기 위로 비슷한 음료수 컵이 쌓이고 다른 쓰레기도 옆에 함께 버려지는 일이 순식간에 일어난다. '깨진 유리창 이론'으로도 알려진 이 무질서의 확산은 맨 처음의 사소한 쓰레기 하나, 사소한 잘못 하나로 시작된다. 이 현상을 막는 방법은 무엇일지 살펴보자.

도로 갓길이나 중앙분리대 화단 등에 쓰레기가 하나 버려져 있나 싶었는데, 어느 날 보면 쓰레기가 산더미처럼 쌓인 광경을 볼 수 있다. 처음에 쓰레기를 버린 사람은 슬금슬금 눈치를 보다 슬쩍 떨어트린 후 도망갔을 수 있지만, 그다음부터는 '다른 사람들도 다 버렸잖아'라는 마음으로 죄책감 없이 쓰레기를 아무렇게나 던지고 사라진다. '다들 하는데 뭐'라고 생각하면 우리는 죄책감조차 느끼지 않는 경향이 있다.

음식점이나 손님을 상대하는 가게, 호텔 출입구와 주차장이 항상 청결한 상태를 유지해야 하는 것은 그래서다. 작은 쓰레기 하나라도 떨어져 있는 상태를 잠시 내버려 두면 금세 쓰레기가 쌓이는 모습을 보게 될 것이다. 이를 '무질서 확산 현상'이라고 한다.

네덜란드 흐로닝언대학교의 케이스 케이저(Kees Keizer) 교수는 재미있는 실험을 기획했다. 주차장 벽을 깔끔하게 정돈한 후 세워 둔 자전거 핸들에 '여러분에게 멋진 휴일을!'이라고 적힌 광고지를 고무줄로 묶어 두었다. 자전거 주인에게는 가지고 가든 버리든 상관없는 광고지였다.

나중에 광고지를 발견한 자전거 주인이 광고지를 바닥에 함

귀찮아

바로 바로 !!

부로 버리거나 옆 자전거 바구니에 몰래 구겨 넣고 가는 사람은 별로 없었다. 그렇다고 해도 33퍼센트의 사람은 광고지를 적당히 처리했다. 다시 연구팀은 같은 주차장 벽에 스프레이 페인트로 낙서를 하고 나서 마찬가지로 자전거에 광고지를 꽂아 두었다. 그러자 이번에는 광고지를 버리고 가는 자전거 주인이 69퍼센트로 늘어났다. 주차장이 낙서로 이미 더럽혀져 있기에 쓰레기 정도는 버려도 괜찮다는 마음이 들었을 수도 있다.

이어서 연구팀은 마트에서 실험을 진행했다. 어떤 때는 주차장에 다른 손님이 두고 간 카트를 마구잡이로 어질러 놓고, 또 다른 때는 버려진 카트가 한 대도 없도록 깔끔하게 정리해 놓았다. 카트가 주자장 이곳저곳에 흩어져 있지 않고 거치대에 단정하게 정리되어 있을 때 자기 차에 끼워져 있던 광고지를 바닥에 던져 버리는 운전자는 30퍼센트였다. 나머지 70퍼센트는 광고지를 접어서 주머니나 가방에 넣어 가져갔다. 그런데 주차장 내부에 카트가 이리저리 흩어져 있으면 광고지를 대충 구겨서 휙 던지고 사라지는 사람이 58퍼센트로 늘어났다. 거의 두 배다.

쓰레기가 떨어지기가 무섭게 청소를 하자면 시간과 수고가 들어간다. 그러니 쓰레기가 어느 정도 쌓이기를 기다렸다가 한번에 청소하는 게 효율적이라고 생각할 수도 있다. 그러나 모았다가 처리하는 방법은 그다지 좋은 작전이 아니다. 쓰레기가 하나라도 떨어져 있다면 순식간에 쓰레기가 늘어나 동네 쓰레기장이 되는 건 시간문제일 테니 말이다.

심리 실험 41

귀찮다는 이유로 여행가방 잠금번호 설정을 하지 않는 사람이 4분의 3이나 된다고?

미국 뉴욕시립대 존 트린카스 박사의
'서류가방 잠금번호 설정 여부 실험'

여행가방이나 서류가방의 잠금번호를 자기만 알 수 있는 번호로 설정해 두는가? 당연히 그렇게 해야 하는 걸 새삼 왜 질문하는지 궁금할 수 있다. 그런데 미국 뉴욕시립대학교의 존 트린카스 박사가 학생들 몇백 명을 대상으로 물어본 결과 서류가방을 가지고 있는 학생의 75퍼센트가 잠금번호를 초기 설정값 그대로 변경하지 않고 사용한다고 답했다. 말도 안 되는 결과라고 생각하는가? 사람들은 조금이라도 귀찮고 번거로운 수고를 해야 하는 일은 되도록 하지 않으려는 습성이 있기 때문이라고 한다. 가만히 생각해 보자. 여행가방의 잠금번호는 나만의 번호로 설정을 바꾸었다고 해도, 당연히 해야 하는 어떤 일을 귀찮다는 이유로 안 하고 있는 게 있지 않은가?

나는 초능력자가 아니다. 그렇지만 '번호 자물쇠로 잠겨 있는 여행가방을 열어 보라'라고 시키면 상당히 높은 확률로 열 수 있다. 이유는 무척 간단하다. 자물쇠 잠금번호를 예상할 수 있기 때문이다.

대다수 사람은 비밀번호나 자물쇠 잠금번호를 설정할 때 최대한 자기와 연관시켜 잊어버리지 않을 만한 조합을 선택한다. 숫자라면 자기나 가족, 연인의 생일 등으로 설정할 것이다. 9월 12일이 생일이라면 9·1·2를 비밀번호로 쓰는 식이다.

사실 귀찮고 번거롭다는 이유로 잠금번호 설정을 하지 않는 사람이 4분의 3에 이른다는 사실을 알고 있는가? 즉 공장에서 출고된 초기 상태 그대로 0·0·0이나 1·1·1로 열 수 있다는 말이다. 애초에 '비밀번호가 정해져 있지 않으니' 나뿐 아니라 그 누구라도 열 수 있는 셈이다. 잠겨 있는 여행가방을 여는 비법이 뭔가 대단할 거라 기대한 독자는 시시한 답에 김이 새겠지만, 이는 사실이다.

미국 뉴욕시립대학교의 존 트린카스(John Trinkaus) 박사는 서류가방을 가지고 있는 학생 몇백 명에게 잠금번호를 묻는 연구를 진행했다. 그랬더니 대답을 한 학생들의 4분의 3, 즉

75퍼센트가 서류가방 공장에서 출시할 때 설정해 놓은 기본 번호 0·0·0을 변경하지 않은 채 사용하고 있는 것으로 나타났다.

우리는 귀찮은 일을 최대한 하지 않으려는 습성이 있다. 조금이라도 번거로운 일은 피하려는 심리가 작용한다. 보안을 위해서라면 아무나 열 수 없도록 나만의 번호를 설정하는 게 좋지만 귀찮다는 이유로 잠금번호 자체를 설정하지 않는다. 신용카드 비밀번호나 은행 계좌 비밀번호는 0000이나 1111처럼 단순한 설정은 승인되지 않는다. 그렇다고 해도 어려운 조합을 애써 만드는 대신 적절하게 조합한 숫자를 비밀번호로 정한다. 만약 신용카드 회사나 은행에서 제한을 두지 않는다면 훨씬 많은 사람이 0이나 1 같은 숫자로만 비밀번호를 선택하려 할 것이다.

물론 깐깐하게 개인 정보를 관리하고 보안에 신경 쓰는 사람도 있다. 그게 당연하다. 심리학이라는 학문은 물리학과 달리 100퍼센트 정확하게 예상할 수는 없는 노릇이다. 그런 점에서 심리학은 일기예보와 닮았다. 맞을 때도 있고 빗나갈 때도 있다. 보안을 위해 비밀번호, 잠금번호를 철저하게 관리하는 사람도 있다. 그래도 대다수 사람은 초기 설정값을 바꾸지 않고 그대로 사용한다고 심리학자라면 예상할 수 있다.

심리 실험 42

영적 능력자의 신통력은 사실은 뛰어난 '화술'에 지나지 않는다?

영국 웨스트잉글랜드대 수전 블랙모어 박사의
'초자연적 현상에 대한 잘못된 판단과 믿음 실험'

점성술, 심령술 등 초자연적 현상을 우리는 얼마나 진실로 받아들이고 있을까? 평소에 영적 능력이란 말도 안 되는 것이라며 절대 믿지 않거나 반신반의하다가도 자기와 관련해 불쑥 들이댄 점쟁이의 한 마디가 꼭 들어맞으면 강한 믿음이 생겨나곤 한다.
영국 웨스트잉글랜드대학교의 수전 블랙모어 박사가 진행한 초자연적 현상에 관한 실험에 따르면, 실험 참가자 6,238명 가운데 59퍼센트가 초자연적 현상을 믿는다고 했다. 그러나 그런 능력은 실제로 불가능한 것임을 명확히 알아 두자. 그들은 우리 마음이나 과거 전생이나 미래 운명을 점치는 능력을 갖춘 게 아니라 우리 마음을 혹하게 하는 화술을 구사하는 것뿐이다.

영감이 뛰어난 역술인이나 무당, 심령술사 등에게 운명을 점치러 가면 본인밖에 모르는 일을 족집게처럼 알아맞혀 소스라치게 놀랄 때가 있다.

"어려서 부모님이 돌아가셨죠?"

자기만 알고 있는 사실을 정확하게 짚으면 '이 사람은 진짜다!'라며 철석같이 믿게 된다. 그런데 이는 신이 아닌 한 실제로 가능한 능력이 아니다. 그렇다면 어떻게 된 일일까? 이런 직종의 사람은 적당히 넘겨짚어서 말해도 듣는 사람이 신통하게 알아맞혔다고 믿게 하는 기술이 있을 뿐이다. 만약 그들에게 능력이 있다면 초능력이나 영적 능력이 아니라 단순한 '화술'이다.

"어려서 부모님이 돌아가셨죠?"

이렇게 말문을 뗐다고 치자.

"아니요. 부모님 모두 살아 계신데요."

이렇게 대답하면 어떤 말이 돌아올까?

"아, 돌아가셨다는 뜻이 아니라 이혼했거나 하는 식으로 곁에 안 계시지 않나요?"

"어릴 때부터 정신적으로 자신이 버려졌다는 느낌이 들지

왼쪽 무릎에
흉터가 있죠?
어머!
맞아요!

왼쪽 무릎에
흉터가 있죠?
아닌데요.
왼쪽 엉덩이에
있는데요...

않았나요?"

이렇게 둘러대고 떠보며 어물어물 넘어가는 식이다.

영국 웨스트잉글랜드대학교의 수전 블랙모어(Susan J. Blackmore) 박사는《데일리 텔레그래프(The Daily Telegraph)》 등의 신문을 통해 심리 실험 참가자 6,238명을 모집했다. 블랙모어 박사는 점쟁이가 할 법한 말을 정리한 목록을 실험 참가자들에게 보내 각자에게 해당하는지 여부를 물었다. 그 결과 "혹시 왼쪽 무릎에 흉터가 있지 않나요?" 같은 질문에는 3명 중 1명이 자기 무릎에 흉터가 있음을 알아맞혔다고 했다.

샤워할 때 왼쪽 무릎을 살펴보자. 흉터가 있는 사람이 많을 것이다. 내 무릎에도 흉터가 있다. 신기한 일이 아니라 아주 평범한 현상이다. 대부분 어린 시절에 뛰어놀다 넘어져서 무릎이 까진 경험이 있기 때문이다. 오른손잡이인 경우 오른쪽 다리 근육이 더 발달해서 차는 힘이 상대적으로 강하므로 왼쪽 무릎부터 넘어지는 사람이 많다. 그래서 대부분 왼쪽 무릎에 흉터가 남는다.

블랙모어 박사는 다음과 같은 질문도 했다.

"가족 중 '잭'이라는 이름을 가진 사람이 있죠?"

그러자 5명 중 1명이 그렇다고 대답했다.

"어젯밤에 한동안 못 만난 사람을 꿈에서 보지 않았나요?"

이렇게 묻자 10명 중 1명이 그렇다고 대답했다.

누구에게나 들어맞을 수 있는 그럴듯한 질문을 던지면 된다. 영능력자 행세가 그다지 어려운 일이 아니라는 생각이 들지 않는가?

심리 실험 43

아이에게 이상한 이름을 지어 주면 훗날 자라서 '정신 이상'이 될 확률이 높다고?

미국 로욜라대 A. 하트먼 박사의
'이상한 이름과 사회 적응성 간 관계 실험'

이름은 정말로 중요하다. 이 세상에 태어난 직후부터 가족, 친지는 물론 타인에게 늘 불리는 이름은 그 사람 자체와 동일시되며 정체성 형성에 큰 영향을 미친다. 반려동물이나 애착하는 자동차, 장난감 등의 이름을 지을 때도 함부로 짓지 않고 깊이 고심하게 마련인데, 하물며 아이가 평생 지닐 이름을 짓는 일은 얼마나 조심스레, 얼마나 많은 생각을 한 후에 결정하곤 하는가. 아이 이름을 함부로 지어서는 안 된다는 것을 보여 주는 연구가 있다.
미국 로욜라대학교의 A. 하트먼 박사는 이상한 이름을 지니고 살아가는 사람들을 모아 정신 건강과 사회성 검사를 했다. 어떤 결과가 나왔을까?

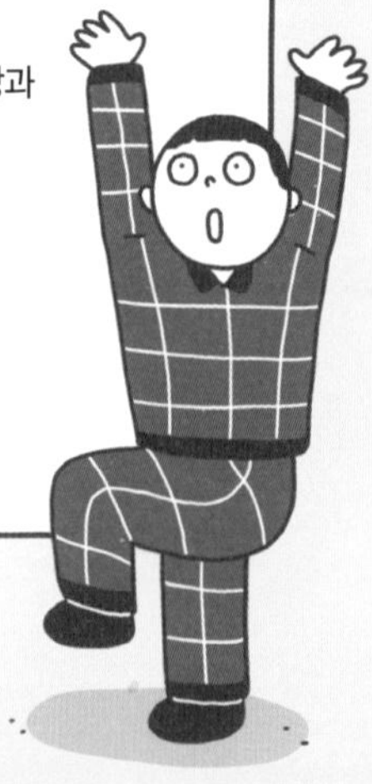

아이가 태어나면 부모는 아이가 행복한 인생을 살기 바라며 멋진 이름을 지어 주려 노력한다. 그게 부모의 마음이다.

'이름? 대충 아무렇게나 지으면 되는 것 아냐?'

이렇게 생각하는 부모는 아주아주 드물다. 이름은 중요하다. 아이에게 어떤 이름을 지어 주느냐에 따라 아이의 인생이 크게 달라지기 때문이다. 이상한 이름 때문에 어릴 때부터 놀림당하면 상처받고 자신감을 상실할 수 있다. 모름지기 이름이란 그 사람 자체와 동일시되기 때문이다. 그래서 부모는 아이 이름을 지을 때 깊이 고민하고 전문가에게 도움을 구하기도 한다. 실제로 특이한 이름을 가진 아이들의 인생은 녹록지 않다. 불행한 인생을 살며 힘든 경험을 많이 할 확률이 높다.

미국 일리노이주 로욜라대학교의 A. 하트먼(A. Hartman) 박사는 이상한 이름을 가진 아이들이 자라서 어떤 어른이 되었는지 조사했다. '비어(Vere, '오리나무'를 의미하는 프랑스어에서 유래)', '오데르(Oder, 중부 유럽의 강 이름에서 유래)', '리설(Lethal, '치명적'이라는 의미)' 등 귀에 익지 않은 이름의 남성 88명과, 미국인에게 가장 흔한 이름 8개를 선정해 그 이름을 가진 남성 88명을 모아 정신 건강과 사회성 검사를 했다.

행복이
우울이

그 결과, '정신 이상'으로 판정받은 비율은 특이한 이름의 남성은 88명 중 17명인 반면 평범한 이름의 남성은 88명 중 4명에 불과했다. 이상한 이름을 지어 주면 정신적으로도 이상해질 수 있음을 보여 준 실험이었다.

정리하자면, 아이에게 지나치게 특이한 이름을 지어 주는 것은 좋지 않다. 30년쯤 전 일본에서 아이에게 '아쿠마(惡魔, 악마)'라는 이름을 붙였다가 출생 신고를 거부당한 사례가 있었다. 하트먼 박사의 연구를 굳이 참조하지 않더라도 출생 신고 접수를 담당한 공무원의 대응이 옳았다고 생각한다.

이름은 엄청나게 중요하다. 대개 사람은 자기 이름대로 살아간다. 일본 이름을 예로 들어 보면, '용감하다(勇)'라는 의미의 글자를 넣어 '유야(勇也)'나 '유키(勇樹)'라고 이름 지은 사내아이는 이름처럼 용감하게 씩씩한 청년으로 자라고, 꽃 이름을 활용해 '쓰바키(椿, 동백)'나 '유리(百合, 백합)'라고 이름 지은 여자아이는 꽃처럼 아리따운 숙녀로 자랄 가능성이 크다.

심리 실험 44

대다수 사람이 '겉과 속이 다른 사람'을 가장 미워하는 심리학적 근거는?

미국 퍼듀대 에릭 웨슬만 박사의
'예상치 못한 거절일 때 더 분노를
일으키는지에 관한 실험'

원래 퉁명스럽거나 그다지 친절하지 않은 사람에게는 기대하는 것이 없기 때문인지 그의 행동에 특별히 상처를 받지는 않는다. 그런데 평소 다정하게 대하며 챙겨 주던 사람이 돌아서서 내 욕을 하거나 내게 해가 되는 행동을 하면 모욕감에 상처가 더해지며 분노심이 더욱 끓어오르게 된다.
미국 퍼듀대학교의 에릭 웨슬만 박사는 예상치 못한 거절 또는 배신이 얼마나 공격적인 반응을 이끌어 내는지 간단한 실험으로 증명했다. 우리는 겉으로는 친절을 베풀지만 뒤에서 정반대 모습을 보이는 이중적인 사람을 특히 더 싫어한다.

미국 인디애나주 퍼듀대학교의 에릭 웨슬만(Eric Wesselmann) 박사는 세 명 또는 네 명 그룹이 서로 친해지는 실험을 기획했다. 각 그룹에 진짜 참가자는 한 명밖에 없고 나머지는 모두 미리 짠 대로 행동하는 연기자다. 연기자는 실험 참가자를 따뜻한 태도로 받아들이거나 쌀쌀맞은 태도로 무시하라는 지시를 받고 정해진 그대로 행동했다. 그런 후 서로 어떤 인상을 받았는지 점수를 매기고 누가 가장 인기가 많은지 인기투표를 했다. 다만 진짜 참가자에 대한 평가는 연구팀이 미리 준비해 둔

에릭 웨슬만 박사의 실험

【 조건 】

① 대화 중 따뜻하게 대했다 + 높은 인기투표 순위
= 예상대로 호감도가 높은 멤버

② 대화 중 차갑게 대했다 + 그럼에도 높은 인기투표 순위
= 예상외로 호감도가 높은 멤버

③ 대화 중 차갑게 대했다 + 낮은 인기투표 순위
= 예상대로 호감도가 낮은 멤버

④ 대화 중 따뜻하게 대했다 + 그럼에도 낮은 인기투표 순위
= 예상외로 호감도가 낮은 멤버

점수를 내도록 사전에 정해져 있었다. 연구팀은 네 가지 조건을 설정해 놓았다.

이어서 전혀 무관한 실험을 가장해 같은 그룹을 대상으로 미각 테스트를 진행했다. 이 실험에서는 그룹 멤버(연기자)에게 매운 소스를 얼마나 줄지를 참가자가 결정했는데, 입안에 불이 나는 화끈하게 매운 소스를 다른 멤버에게 얼마나 많이 주는지를 가지고 '복수심' 점수를 계산했다. 그러자 다음과 같은 결과가 나왔다.

미리 짜여진 대로 연기한 그룹 멤버에게 따뜻한 환대를 받거나 인기투표에서 높은 점수를 받은 실험 참가자는 상대에게 복수할 필요가 없어 매운 소스를 조금씩밖에 주지 않았다. 자신에게 호감을 보이는 사람을 푸대접할 수는 없는 노릇이기 때문이다. 그런데 자신에게 매몰찬 태도를 보이거나 인기투표에서 낮은 점수를 준 사람에게는 매운 소스를 듬뿍 주어 앙갚

실험 결과

① 예상대로 호감도가 높은 멤버	1.02g
② 예상외로 호감도가 높은 멤버	2.54g
③ 예상대로 호감도가 낮은 멤버	9.61g
④ 예상외로 호감도가 낮은 멤버	18.69g

음하려는 모습을 볼 수 있었다. 특히 대화 중에는 다정하게 행동했으나 정작 인기투표에서 낮은 점수를 준 사람에게는 매운 소스를 더욱 많이 퍼 주며 강한 복수심을 드러낸다는 사실이 밝혀졌다.

겉으로는 친절을 베풀지만 돌아서서는 심한 말을 하는 사람이 더 미움받는 건 우리가 그런 이중성이 있는 사람을 본능적으로 싫어하기 때문일 수 있다.

심리 실험 45

컨트리 뮤직을 지나치게 자주 들으면 자살할 확률이 높아진다고?

미국 웨인주립대 스티븐 스택 교수의 '컨트리 뮤직이 자살에 미치는 영향 실험'

음악은 사람의 감정과 깊게, 또 즉각적으로 연관되곤 한다. 그래서 음악을 들으면 기분이 좋아지기도 하고 차분히 가라앉기도 하고 슬픔을 위로받기도 한다. 더구나 가사가 있는 음악은 마치 시구절에 아름다운 음이 더해진 채로 더 깊이 마음속을 헤집는 경우가 종종 있다. 그런데 음악은 듣는 사람의 기분과 상황에 따라 들을 때마다 다르게 받아들여질 수 있거나 음악이 듣는 사람의 기분을 좌지우지할 수도 있다. 음악이 마냥 좋기만 한 것이 아니라 극단적인 선택에까지 영향을 미칠 수 있는 부작용도 있음을 밝힌 연구가 있다. 미국 웨인주립대학교의 스티븐 스택 교수의 컨트리 뮤직과 자살과의 관계 연구를 살펴보자.

음악을 들으면 기분이 좋아진다. 그러나 들을 때 주의가 필요한 '조심해서 들어야 하는 장르'의 음악도 있다. 이런 부류에 속하는 음악 장르 중 하나가 '컨트리 뮤직'이다. "컨트리 뮤직을 주의하라"라고 말하는 데는 그럴 만한 이유가 있다. 컨트리 뮤직의 가사와 주제가 문제다. 컨트리 뮤직은 이루어지지 못한 사랑이나 절망, 불행한 운명, 빈곤 등 '슬픈 기분'을 주로 노래한다. 그런 내용의 가사가 나오는 노래를 들으면 기분이 가라앉는 게 당연하다.

미국 미시간주 웨인주립대학교의 스티븐 스택(Steven Stack) 교수는 컨트리 뮤직처럼 기분이 가라앉는 곡을 들려주면 자살하는 사람이 늘어날 수 있다는 대담한 가설을 설정했다. 이 가설을 검증하기 위해 스택 교수는 미국 49개 도시의 라디오 방송국에서 컨트리 뮤직을 방송한 횟수와 각 도시의 자살률과의 관계를 조사했다.

그러자 상관계수가 '플러스 0.51'이라는 높은 수치가 나왔다. 상관계수는 두 가지 변수가 어느 정도로 서로 관계 있는지를 보여 주는 수치로 완전히 반비례 관계에 있을 때는 '마이너스 1.0', 완전히 비례 관계에 있을 때는 '플러스 1.0'이 된다. 스

택 교수의 조사에서 상관계수가 '플러스 0.51'이라는 말은 라디오 방송국에서 컨트리 뮤직을 자주 틀어 준 도시에서는 자살률이 높았다는 것을 의미한다. 물론 다른 요인도 고려해야 하나 컨트리 뮤직에 자주 노출된 도시 주민은 기분이 가라앉기 쉽고 그 우울감이 자살을 유발할 가능성도 충분하다.

나는 음악을 잘 듣지 않는다. 그래서 컨트리 뮤직이 어떤 음악인지 가늠할 수 없어 어느 정도로 심리적 영향이 있을지를 체감하며 이해할 수 없다. 그리고 컨트리 뮤직이 자살을 조장하는 나쁜 음악이라며 무조건 매도하려는 것은 아니다. 컨트리 뮤직을 들었을 때 기분이 들뜨고 흥얼흥얼 콧노래가 나올 정도로 신이 나고 행복해진다면 전혀 문제가 없다. 그러나 '컨트리 뮤직을 유독 좋아하는 사람'은 자기도 모르는 사이에 기분이 점점 가라앉을 수 있으므로 컨트리 뮤직의 이러한 부작용을 알아 두고 조심하는 게 좋지 않을까.

심리 실험 46

'랩 음악'을 주로 듣는 청소년은 비행 청소년이 될 위험성이 높다는 게 사실일까?

캐나다 몬트리올대 데이브 미란다 박사의 '프랑스계 캐나다인 청소년의 일탈 행동과 랩 뮤직 간의 관계 실험'

요즘 아이들은 이어폰이나 헤드폰을 늘 귀에 꽂고 지내며 각자 좋아하는 음악에 빠져 지내곤 한다. 이렇듯 잠들기 전까지 귓가에 맴도는 음악이 아이들의 평소 생각, 일상 행동 등에 영향을 미치지 않을 것이라고 보는 게 오히려 이치에 맞지 않는 것 아닐까? 과격하고 폭력적인 행동을 찬양하든지 편견에 사로잡힌 내용의 가사로 이루어진 음악은 청소년들에게 부정적인 영향을 미칠 가능성이 높다. 가치관 형성이 어느 정도 완성된 성인이 아닌, 아직 성장해 가고 있는 청소년들에게 특정 음악이 부정적인 영향을 미친다는 것을 입증한 연구가 있어서 소개한다.

음악 이야기가 나온 김에 하나 더 해 보자. 아이들에게 되도록 들려주지 않는 게 나은 음악 장르가 있다. 바로 '랩(rap)'이다. 모든 랩 장르가 안 좋다기보다 특정 범주는 피하는 게 좋다는 사실을 보여 주는 연구가 있다.

캐나다 몬트리올대학교의 데이브 미란다(Dave Miranda) 박사는 사춘기에 들어선 프랑스계 캐나다인 청소년 348명(평균 15.32세)에게 어떤 부류의 랩 음악을 좋아하는지 물었다.

랩 카테고리 가운데 유독 반사회적 내용을 포함하고 있는 것으로 '프렌치 랩(French rap)'을 들 수 있다. 또 '갱스터 랩(Gangster rap)'이나 '하드코어 랩(Hardcore rap)'도 폭력적인 일상을 주제로 과격하고 공격적인 가사를 채용한 노래가 많다. 미란다 박사는 이들 범주에 속하는 랩을 즐겨 듣는 아이는 비행 청소년이 될 확률이 높아질 것이라는 가설을 세웠다. 박사는 랩에 속하는 범주 가운데 대중적으로 인기 높은 '힙합(hip hop)'과 '소울(soul)' 장르는 춤이나 파티가 주제라서 비행에는 영향을 주지 않는다고 추정했다.

실제 조사 결과, 미란다 박사의 가설이 적중했다. 프렌치 랩을 좋아하는 청소년은 수시로 싸움에 끼어들고 마약과 불법

약물 등에 손을 대는 경우가 많은 것으로 나타났다. 반면 힙합을 즐겨 듣는 청소년에게서는 그런 경향을 찾아볼 수 없었다.

우리는 자기가 자주 듣는 음악의 가사에 영향을 받는다.

"마약을 하면 황홀한 기분을 느낄 수 있어."

"거슬리는 녀석이 있으면 한 대 패 줘."

이런 가사가 나오는 음악을 일상적으로 들으면 실제로 가사 속 행동을 별 생각 없이 저지를 수 있다는 정도는 충분히 예상할 수 있다. 특히 아직 판단 능력이 미숙한 청소년에게 미치는 영향은 더욱 클 것이다. 어느 정도의 판단력을 갖춘 성인이라면 가사에 그 정도로 민감하게 영향을 받지 않겠지만, 사춘기 청소년은 피암시성이 높아 아무래도 평소 즐겨 듣는 음악 가사에 영향을 받을 수밖에 없다.

아이가 듣는 음악에까지 일일이 간섭하는 갑갑한 부모가 되고 싶지 않겠지만 그래도 특정 카테고리의 랩은 피하도록 이끌어 주는 것은 바람직한 일이 아닐까. 어떤 음악을 들을지는 온전히 '개인의 자유'에 맡겨야 한다는 주장도 옳지만, 부모로서 아무래도 걱정하게 되는 마음도 충분히 이해가 간다.

"아빠는 이런 음악은 좀 별로더라. 좀 더 대중적인 음악을 들어 보는 게 어때?"

부모의 생각을 강요하는 대신 부모의 희망 사항을 자연스럽게 전달하려는 노력이 필요한 일이다.

심리 실험 47

모든 비밀번호를 다르게 설정하는 사람의 비율은 7.1퍼센트뿐이다?

미국 텍사스주 서던메소디스트대 앨런 브라운 교수의 '비밀번호 생성 및 기억 실험'

요즘 인터넷이나 앱에 접속하는 것에서부터 모바일 카드나 은행 서비스 이용 등에 이르기까지 회원가입을 하고 비밀번호를 설정해야 하는 경우가 수없이 늘어나고 있다. 더구나 해킹의 위험을 방지하고자 몇 자리 숫자 조합으로 설정하는 비밀번호 대신 알파벳 대문자와 소문자, 특수기호까지 섞어서 비밀번호를 만들어야만 겨우 가입이 되어 서비스를 사용할 수 있는 일도 많아졌다. 내가 평소에 이용하는 비밀번호 개수가 몇 개나 되는지 이제 세어 볼 수도 없는데, 이 많은 비밀번호를 다 다르게 설정해 놓고 개인정보 보안을 철저하게 유지하는 사람이 과연 얼마나 될까? 각종 비밀번호 생성 및 기억에 대한 흥미로운 연구를 통해 알아보자.

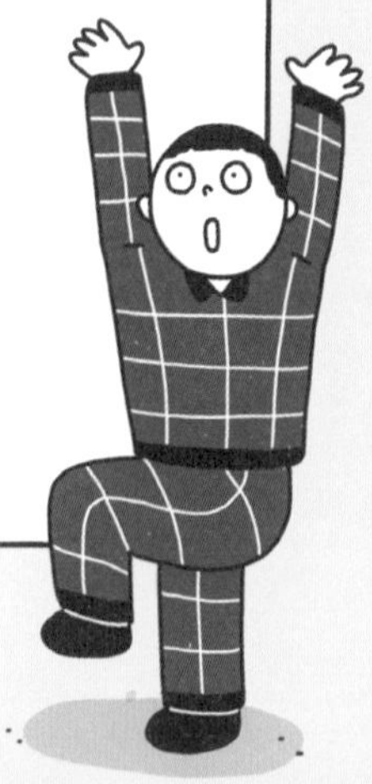

앞에서 소개한 가방 잠금번호 이야기와 관련된 재미있는 연구를 하나 더 소개하려 한다. 비밀번호 조합에 관한 이야기다. 인터넷 서비스에 가입하거나 신용카드를 발급받는 등 수많은 상황에서 비밀번호를 설정해야 하는 일이 점점 더 많아지고 있다. 그런데 각각의 비밀번호를 매번 다른 숫자와 글자를 조합해서 설정하는가?

결론부터 말하자면, 대부분은 매번 다른 비밀번호를 설정하는 수고를 하지 않는다. 이유는 쉽게 짐작할 수 있다. 귀찮으니까! 거듭 강조하지만, 인간은 기본적으로 귀찮은 일은 하지 않는다.

미국 텍사스주 서던메소디스트 대학교의 앨런 브라운(Alan S. Brown) 교수는 사람들이 비밀번호 설정에 어느 정도 신경 쓰는지 조사했다. 현대인이라면 누구나 이런저런 비밀번호를 설정해야 한다. 20여 년 전에도 한 사람당 비밀번호를 평균 8.18개 가지고 있다고 조사되었으니, 최근에는 그 숫자가 훨씬 더 늘어났을 것이다. 그렇다면 적어도 10개 이상의 비밀번호를 가진 사람은 각각 다른 비밀번호를 설정할까? 답은 예상했겠지만, '그렇지 않다'이다.

연구팀의 조사 결과 모든 비밀번호를 다르게 설정한 사람은 7.1퍼센트뿐이었고 나머지 사람은 거의 같은 비밀번호를 돌려 쓰고 있었다. 비밀번호를 모조리 다르게 설정하는 것이 상당히 귀찮고 번거로운 일이기도 한 데다 애써 설정한 비밀번호를 잊어버릴 수 있기 때문이라는 게 가장 큰 이유였다.

참고로 신용카드 회사에서 발급 당시 설정한 초기 비밀번호를 그대로 사용하는 사람이 22.4퍼센트, 나름대로 설정을 바꾼 사람은 77.6퍼센트였다. 설정을 바꾸기는 바꾸지만 같은 비밀번호를 여기저기 돌려쓰는 게 일반적이었다. 또 비밀번호를 설정할 때는 생일이나 주소 등 자기와 관련된 조합을 선택하는 사람이 92.7퍼센트였다.

남의 비밀번호를 해독하는 건 알고 보면 그렇게 어려운 일이 아니다. 그 사람과 연관된 단어와 숫자를 적당히 조합하면 상당히 높은 확률로 적중한다. 또 비밀번호를 한번 알아내면 그 비밀번호를 여기저기에 다 적용할 수 있다.

심리 실험 48

알파벳 V 모양을 보여 주기만 해도 인간 뇌는 위험과 위협을 감지한다는 게 사실일까?

미국 위스콘신대 크리스틴 라슨 교수의
'단순한 기하학적 형태로도 활성화되는
뇌 속 위험 감지 회로 실험'

"자라 보고 놀란 가슴 솥뚜껑 보고 놀란다"라는 잘 알려진 속담처럼, 부정적인 경험이 남긴 강력한 인상으로 인해 비슷하거나 연상 작용을 일으키는 단순한 형태만 봐도 식은땀 나는 감정이나 경험이 끊임없이 되살아나곤 한다. 그러니 내 목숨을 잃을 수도 있는 치명적인 대상, 위험을 한번 학습한 우리 뇌는 그 위험을 매우 예민하게 감지해 우리 신체와 정신에 끊임없이 위험신호를 보낸다. 그리고 이런 위험 감지 센서는 우리 유전자에 뚜렷이 각인되어 이후 세대에게 전달된다. 미국 위스콘신대학교의 크리스틴 라슨 교수는 기능성 자기공명영상(fMRI)를 동원해 이를 과학적으로 입증했다.

현대인의 뇌 속에는 먼 옛날부터 조상에게 물려받은 정보가 빼곡하게 갈무리되어 있다. 이들 정보 중에는 오늘날에는 딱히 쓸모가 없는데도 끈질기게 유전되는 것도 있다. 인류가 원시생활을 하던 시절에는 위험을 조기에 감지하는 능력이 매우 중요했다. 야생동물이나 다른 부족의 위협 등 주위에 항시 위험이 도사리고 있었기 때문이다. 그러한 위험을 빨리 탐지해 도망치는 사람은 살아남고 위험을 감지하지 못한 사람은 모두 목숨을 잃었다.

그래서 우리 뇌 속에는 조상에게 물려받은 위험 감지 능력이 지금도 작동하고 있다. 예를 들어 길가에 밧줄이 떨어져 있다고 상상해 보자. 그 밧줄을 보고 '뱀이다!'라고 생각한 사람은 몸이 덜덜 떨린다. 왜 몸을 떨까? 근육을 움직여 더 빨리 도망칠 준비를 하기 위해서다. 이러한 반응은 반사적으로 일어나는 것으로 자기가 어떻게 조절할 수 있는 게 아니다.

원시생활을 하던 무렵 인간도 풀숲에서 뱀을 발견하면 바로 도망치지 않았을까. 독사에게 물리면 죽을 수 있었을 테니 말이다. 이런 일이 몇 세대씩 반복되는 과정에서 우리 뇌 속에는 뱀을 보면 위험을 감지하는 회로가 차츰 완성되었다. 그래서

'뱀처럼 보이는 물체'는 우리에게 전혀 해를 끼치지 못하는 끈이나 밧줄이라고 해도 몸이 떨리는 반응을 일으킬 수 있다.

미국 위스콘신대학교의 크리스틴 라슨(Christine Larson) 교수가 매우 재미있는 실험을 기획했다. 알파벳 V 모양을 보여 주기만 해도 우리 뇌는 위험과 위협을 감지한다는 가설을 입증하기 위한 실험이었다.

연구팀은 다양한 모양이 나오는 슬라이드 120장을 준비해 실험 참가자들에게 한 장씩 보여 주며 그때마다 뇌 활동을 기능성 자기공명영상(fMRI)으로 측정했다. 그러자 V처럼 아래로 뾰족한 삼각형 모양을 보았을 때 참가자의 뇌 속에서 위험을 감지하는 부위가 크게 활성화하는 것을 관찰할 수 있었다.

왜 단순한 V자 모양에 우리 뇌가 반응할까? 답은 간단하다. 우리 뇌가 그런 모양을 위험한 대상으로 인지하기 때문이다. 구체적으로 어떤 위험인지를 특정하기는 어려우나 가능성만 놓고 보면 '뱀 머리'로 보일 수 있다거나 '칼'이나 '창끝'처럼 끝이 뾰족한 흉기로 보일 수 있는 대상에 반응했다. 이 모두가 우리 뇌의 뛰어난 기능 덕분이다. 아주 먼 옛날에 인간을 위험에 빠트린 대상에 대해 우리 뇌는 지금 그 위험성이 완전히 사라졌음에도 여전히 민감하게 반응하곤 한다.

심리 실험 49

'분신사바' 놀이는 인간 뇌의 특성을 이용해 만든 일종의 사기극이다?

미국 하버드대 대니얼 웨그너 교수의
'정신적 행동 통제의 역설 효과 실험'

아이들이 좋아하는 주술 놀이로 '분신사바'라는 게 있다. 일본에서 유입된 놀이라고 알려져 있으나 그 유래가 확실치는 않은데, 사실 이러한 주술, 심령 놀이는 동서양 문화권에서 공통적으로 나타나는 놀이 형태다. 알 수 없는 미래에 대한 불안감이 초자연적 힘에 기대게 하는 이런 현상을 만들어 내지 않았을까? 이런 놀이에 '재미' 이상의 의미를 부여하며 진지하게 생각하는 사람이 많지는 않겠으나, 이와 유사한 심령 현상을 있는 그대로 믿는 심약한 사람들을 위해 그 원리를 과학적으로 밝힌 연구가 있다.
미국 하버드대학교의 대니얼 웨그너 교수가 어떤 실험으로 이를 입증했는지 살펴보자.

우리나라에서 흔히 '분신사바'라고 부르는 주술 놀이가 있다. 볼펜이나 연필을 쥐고 참가자들이 함께 종이 위에 필기구를 올려서 잡고 주문을 외우고 질문하면 동그라미나 가위표를 그려 대답해 주는 방식이다. 서양에도 이와 유사한 놀이가 있다. '위저 보드(Ouija Board)'라는 점괘판을 이용한 이 심령 놀이는 알파벳이 적혀 있는 말판 위에 손가락을 올리고 영혼에 말을 걸면 말판이 저절로 알파벳 글자 쪽으로 움직이며 질문에 답하는 방식이다. 이런 놀이를 할 때 장난삼아 영혼을 부르면 저주에 걸릴 수 있다고도 하고 영혼을 함부로 대하지 말라는 말도 떠돌곤 한다.

핵심은 참가자들이 손가락을 살짝 올리기만 했는데 연필이나 말판이 저절로 움직이는 것이다. 이런 불가사의한 현상이 어떻게 실제로 일어날까? 사실, 정말로 현실에서 일어날 수 있다. 다만 귀신이나 영혼 같은 초자연적 존재의 소행이 아니라 참가자가 무의식적으로, 자각하지 못한 상태에서 연필이나 말판을 움직이는 것이지만 말이다.

분신사바나 위저 보드 현상이 일어나기 위한 조건으로 중요한 규칙이 있다. '절대 스스로 손가락을 움직이려고 하지 말

것'이라는 규칙이다. 앞서 좋아하는 사람을 생각하지 않으려고 애를 쓰면 쓸수록 그 사람이 머릿속에서 사라지지 않는다는 대니얼 웨그너 교수의 '리바운드 효과' 실험을 소개했다.

웨그너 교수는 위저 보드 현상과 관련된 실험도 진행했다. "손가락을 절대 움직여서는 안 됩니다"라는 말을 들은 사람들은 자기도 모르게 손가락을 움직이는 현상을 보여 준 실험이었다. 다시 강조하지만, 실험 참가자는 전혀 자각하지 못했다. 웨그너 교수는 남녀 각각 42명씩, 모두 84명을 모아서 진자의 실을 잡고 있으라고 했다. 그리고 30초 동안 실을 똑바로 늘어뜨린 채로 움직이지 말고 있으라고 했다.

그때 "절대 수평 방향으로 움직이지 마세요"라고 하자 참가자의 50퍼센트 정도가 수평 방향으로 움직였다. 또 그저 "움직이지 마세요"라고 한 경우에도 45퍼센트 정도가 움직였다. 움직이지 말라는 데에도 참가자 중 절반이 움직인 셈이다.

분신사바나 위저 보드도 마찬가지다. 참가자가 "손가락에 힘을 줘서 움직이려고 하지 마세요"라는 말을 들으면 연필이나 말판이 혼자서 움직인다. 저절로 움직이는 것처럼 보였지만 실제로는 참가자가 움직인 것이다. 참가자가 네 명이라면 그중 두 사람은 무의식적으로 손가락에 힘을 줘서 움직이려 애쓴다. 그래서 연필이나 말판이 이리저리 움직이는 현상이 나타나는 것이지 절대 귀신이나 영혼이 움직이는 게 아니다.

Monday

CHAPTER

4

'월요병'은 과연 존재할까?

심리 실험 50

나르시시스트 성향이 강한 사람에게 어려운 목표를 주면 달성 가능성이 높아진다고?

미국 케이스웨스턴리저브대 해리 월리스 박사의 '나르시시스트의 성취력 실험'

우리는 매사 자기중심적인 데다 자기 잘난 맛에 스스로 만족하며 살아가는 사람을 흔히 '나르시시스트'라고 부른다. 나르시시스트 성향이 강한 사람과 함께 일하고 생활하는 것은 쉽지 않은 일이다. 나르시시스트 자신은 전혀 개의치 않는 사이 주위 사람들이 상처를 받곤 하기 때문이다. 그런데 해결하기 어려운 문제나 목표치가 매우 높이 설정되어 있는 업무에서는 나르시시스트가 제대로 실력 발휘를 할 수 있다. 나르시시스트는 '이런 일을 해낼 수 있는 사람은 나밖에 없지'라는 생각에 취해 더없는 열정과 노력을 발휘한다. 미국 케이스웨스턴리저브대학교 해리 월리스 박사의 연구는 나르시시스트 성향이 강한 사람일수록 힘든 도전일 때 성취력이 높아진다는 것을 증명해 보였다.

난항이 예상되는 작업이나 힘에 부치는 목표를 달성해야 하는 업무 등을 맡겨야 할 때는 되도록 나르시시스트 성향이 있는 인물을 찾아보자. 나르시시스트는 힘든 일을 즐기는 사람이기 때문이다. 나르시시스트는 누구나 뒷걸음질을 치는 어려운 작업에 집중할 때 업무 효율이 눈에 띄게 높아질 수 있다.

'이렇게 어려운 일을 하는 나는 역시 멋져!'

이렇게 자아도취를 즐기며 일에 집중한다. 나르시시스트는 자기 자신에게 취한 채 어려운 작업에 매진하는 상황을 사랑하기 때문이다.

미국 오하이오주 케이스웨스턴리저브대학교의 해리 월리스(Harry M. Wallace) 박사는 의대생이 수술 숙련도를 높이기 위해 활용하는 시뮬레이션 프로그램으로 실험을 기획했다. 연구팀은 먼저 실험 참가자의 나르시시스트 정도를 측정하는 심리검사를 시행해 나르시시스트 성향이 강한 사람과 약한 사람으로 나누었다. 그 후 수술 시뮬레이션 작업을 수행하게 했다.

이 작업은 컴퓨터 게임처럼 핀셋을 조작해서 구멍에서 열두 개의 물체를 뽑아내는 과제를 수행하는 것인데, 구멍 옆면에 부딪히면 날카로운 경고음이 울리며 작업은 실패로 돌아간다.

모든 실험 참가자에게 세 번씩 연습 기회를 미리 주어 조작 감각이 어느 정도 익숙해지고 나서 실험에 돌입했다.

이때 두 가지 조건을 설정했다. 한 그룹에는 '연습 때보다 5퍼센트 이상 시간을 단축하고 실수도 5퍼센트 줄이세요'라고 요청했다. 5퍼센트 정도의 개선은 과도한 요구는 아니다. 또 다른 그룹에는 더 어려운 목표를 부여했다. '연습 때보다 25퍼센트 이상 시간을 단축하고 실수도 25퍼센트 줄이세요'라고 요구했다.

실험 결과는 어떻게 나왔을까? 나르시시스트 성향이 약한 사람은, 즉 평범한 사람은 쉬운 조건일 때 능률이 향상되었다. 그런데 나르시시스트 성향이 강한 사람은 어려운 목표를 주었을 때 수행력이 높아졌다.

나르시시스트는 힘든 도전을 마주했을 때 활활 불타오른다. 새로운 프로젝트나 성공 가능성이 낮은 계획 등을 실행해야 한다면 담당자로 나르시시스트를 배정해 보자. 몹시 기쁜 마음으로 프로젝트에 덤벼들 테니 말이다.

Work

심리 실험 51

학생들에게 나쁜 평가를 받는 교수일수록 학력 향상 효과가 크다고?

미국 펜실베이니아대 J. 스콧 암스트롱 교수의
'대학 강의 평가의 실효성 실험'

각 대학마다 학기 말에 학생들이 한 학기 동안 들은 강의를 평가하는 제도가 정착되어 있다. 학생들의 의견과 평가를 반영함으로써 강의 수준을 높이고 성실하지 못한 태도로 일관하거나 타성에 젖은 일부 교수에게 긴장감을 준다는 의미에서 강의 평가의 장점을 찾을 수 있다. 그러나 '평가'에 따라 수업의 존폐가 결정되기까지 하면서 학생들 눈치 살피기, 학생들 입맛 맞춰 주기 용도로 강의 평가가 활용되고 있다는 지적이 꾸준히 제기되고 있다.
미국 펜실베이니아대학교의 J. 스콧 암스트롱 교수의 연구에 따르면, 대학 강의 평가는 교수와 학생 그 어느 쪽에도 이익이 되지 않는 무의미한 제도라고 한다.
이런 강의 평가를 계속 실행해야 하는 것일까?

요즘은 어느 대학에서나 학기 말에 학생이 교수를 평가하는 강의 평가 제도가 있다. 일반적으로 평가라고 하면 선생님이 학생을 상대로 점수를 매기는 것이지만, 이제는 학생도 선생님에게 점수를 매기는 셈이다.

학생들이 강의 평가를 하게 되면 교수도 강의에 신경을 쓸 수밖에 없다. 학생들에게 성실한 모습을 보이지 않으면 나쁜 점수와 더불어 부정적인 평가가 달릴 게 뻔하기 때문이다. 운이 나쁘면 강의가 사라질 수도 있다. 그래서 성격이 고약한 교수도 학생들을 덜 괴롭히게 된다. 이런 효과가 있어 강의 평가 제도를 도입한 것이 아닐까.

다만 대개 학생들은 아르바이트를 하며 용돈을 벌거나 노는 데 힘을 쏟느라 대학 강의에 그다지 성실히 임하지 않는다. 그래서 교수가 학생을 위해서 과제나 리포트를 잔뜩 내 주면 학생들은 이를 괴롭힘으로 생각해 강의 평가에 나쁜 점수를 주는 모순이 발생할 수 있다. 학생들에게 어려운 과제를 내 주지 않고 시험도 치지 않고 출결도 확인하지 않는 '너그러운' 교수가 학생들에게 더 높은 점수를 받을 수 있다는 것이 예측되지 않는가. 결국, 강의 평가 자체에 의미가 없어지게 된다.

미국 펜실베이니아대학교 와튼 스쿨의 J. 스콧 암스트롱(J. Scott Armstrong) 교수는 여러 대학에서 경제학 강의를 수강한 3만 명이 넘는 학생의 강의 평가를 조사해 보았다. 그 결과 '학생이 교수를 나쁘게 평가할수록 학습이 촉진되었다'라는 불가사의한 결과를 얻었다. 학생에게 나쁜 평가를 받은 교수는 대체로 엄격하다. 그래서 교수 평가 점수는 나빠도 학생을 필사적으로 공부하게 만들어 학습을 촉진하는 효과가 있다.

이 조사를 바탕으로 암스트롱 교수는 '강의 평가는 무의미하다'라는 결론을 도출했는데, 이 조사 결과 이외에도 몇 가지 이유를 들었다. 강의 평가가 무의미하다는 교수 측 의견에는 어떤 것이 있을까? 철저하게 준비해서 강의해도 학생들에게 좋은 평가를 받지 못하면 의욕이 떨어진다는 것. 새로운 시도를 해서 강의 평가가 나쁘게 나오느니 틀에 박힌 강의를 반복하는 편이 안전하다는 것.

학생들 또한 강의 평가를 무의미하게 여기는 경우가 있었다. 강의 평가를 하다 보면 성적에 대한 책임이 내가 공부를 덜 해서가 아니라 교수나 대학 당국에 있다는 생각이 들기 때문이란다. 이에 대해 암스트롱 교수는 강의 평가로 인해 학생들은 '내 성적이 이 모양인 건 교수가 제대로 못 가르쳤기 때문이다'라고 생각하지 '내가 부족하기 때문'이라고는 생각하지 않는다고 지적했다.

강의 평가는 교수와 학생 모두에게 이득이 안 되는 일이다. 대학을 관리하는 교육부는 아무 효과가 없는 형식적 강의 평가 제도를 재고해 봐야 하지 않을까?

심리 실험 52

장기 휴가의 긍정적인 효과는 얼마나 오래 지속될까?

독일 콘스탄츠대 야나 퀴넬 박사의
'얼마 동안 휴가의 치유 효과가 지속되는지 여부 연구'

많은 사람이 새해 달력을 받으면 맨 먼저 5일 이상 이어지는 황금연휴가 있는지부터 살피곤 한다. 또 그런 연휴와 잘 연결되도록 여름휴가 계획을 세워 되도록 장기 휴가를 쓸 방법을 찾곤 한다. 주말 동안 찔끔 쉬는 것만으로는 풀리지 않는 만성 피로에서 회복하는 데는, 그리고 잔뜩 긴장한 채 지내느라 경직된 몸과 마음을 완전히 이완시키고 생기를 불어넣는 데는 장기 휴가만큼 효과적인 게 없다. 그런데 일상으로 돌아오고 나서 얼마 지나지 않아 휴가를 통해 얻은 치유 효과는 물론 휴가 자체도 먼 기억 속으로 사라져 버린 듯한 느낌을 받곤 하지 않는가? 장기 휴가를 다녀온 후 더 피곤해진 느낌을 받은 적도 있지 않은가? 휴가의 효과는 대체 얼마 동안 지속될까?

황금연휴나 여름휴가 등 장기 휴가를 보내고 나면 정신적 여유와 생기를 되찾을 수 있다. 넉넉한 기간 동안 푹 쉰 후에는 확실히 몸과 마음이 치유되는 효과가 느껴진다. 그렇다면 휴가를 다녀온 후 얼마 동안 그 효과가 지속될까? 모처럼 되찾은 이 생동감이 출근과 동시에 사라진다면 휴가의 의미가 있겠는가? 휴가는 어떤 메커니즘으로 우리에게 치유 효과를 일으키는 것일까?

역시, 나처럼 궁금한 것이 많은 이들이 세계 도처에 있다. 독일 콘스탄츠대학교의 야나 퀴넬(Jana Kühnel) 박사는 휴가의 치유 효과가 얼마 동안 지속되는지 알아보는 연구에 돌입했다. 퀴넬 박사는 부활절 휴가와 성령강림절 휴가를 대상으로 휴가에 들어가기 2주 전 사전 조사를 시작해 휴가가 끝나고 나서 일주일 후, 2주일 후, 1개월 후에 다시 조사함으로써 휴가의 치유 효과가 지속되는지 여부를 규명했다.

연구 결과를 보면 휴가에는 확실히 지친 몸과 마음을 치유하는 효과가 있었다.

'이번 주에는 열심히 일할 수 있었다.'

'이번 주에는 한눈팔지 않고 열심히 일했다.'

업무에 임하는 자세를 묻는 항목을 포함해 질문했더니 장기 휴가 이후 의욕적으로 업무에 매진할 수 있었다는 대답이 돌아왔다. 그런데 안타까운 것은 장기 휴가의 치유 효과가 1개월도 지속되지 않은 점이다. 게다가 직무 요구도(마감 시간에 쫓기는 압박감이나 업무 강도)가 높을수록 휴가의 효과가 사라지는 속도가 빨라졌다. 일이 바빠지면 장기 휴가의 치유 효과가 눈 깜짝할 사이에 사라져 버리는 것이다. 다만 주말마다 뭔가 여유를 찾을 수 있는 활동을 하면 휴가의 치유 효과가 사라지는 속도를 늦출 수 있다는 사실도 밝혀졌다. 그러나 대부분 한 달이 지나면 장기 휴가를 통해 얻은 긍정적인 효과는 말끔히 사라졌다.

장기 휴가를 받으면 길어진 휴가 기간만큼 그 효과도 오래 간다고 생각하지 말자. 특별할 것 없는 일상생활에서도 스트레스가 조금씩 쌓이는 건 어쩔 수 없는 일이라 휴가로 얻은 생기와 여유는 날이 갈수록 줄어들 수밖에 없다. 일주일 정도 푹 쉼으로써 업무를 재기할 에너지가 다시 충전되는 정도로 만족하자.

나는 장기 휴가 기간에 몸과 마음이 완전히 풀어져 버린 경험을 하고 나서는 휴가 중에도 일을 아예 놓는 대신 조금이라도 일을 하곤 한다. 나처럼 일하는 것을 좋아하는 사람에게는 장기 휴가가 그다지 필요하지 않을 수도 있다. 서구인들처럼

8월

한 달 이상의 휴가를 가는 게 필요하다는 주장에 나는 찬성표를 던질 수 없다. 나는 매일 일하는 게 편한 사람인데, 독자 여러분은 어떠한가?

심리 실험 53

월요병은 존재하지 않는다고?

캐나다 브리티시컬럼비아대 존 헬리웰 교수의 '주말 효과 실험'

사람들은 요일에 따라 특별한 기분을 느낄까? '월요병'처럼, 월요일 직전인 일요일 저녁부터 월요일 내내 몸과 마음이 무거운 기분을 느낀다든가, 주말을 앞둔 금요일에 기분이 날아갈 듯 좋아진다든가 하는 것 말이다.
캐나다 브리티시컬럼비아대학교의 존 헬리웰 교수가 1년 반에 걸쳐 50만 명을 대상으로 한 연구에 따르면, 특정 요일이라고 우울해지거나 하는 것은 존재하지 않는다는 사실이 밝혀졌다. '나는 분명히 심한 '월요병'에 시달리는데, 이게 무슨 결과람?'이라며 의심이 드는 독자는 헬리웰 교수의 조사 결과를 세세히 들여다보기 바란다.

일요일 저녁 무렵이 되면 다음 날 아침 출근해야 한다는 생각에 마음이 무거워진다. 어김없이 월요일 아침이 오고, 내키지 않는 기분으로 터벅터벅 무거운 발걸음을 이끌며 회사에 가는 경험을 누구나 해 보지 않았을까? 우리는 흔히 '월요병'이라고, 영어권에서는 '우울한 월요일(Blue Monday)'이라고 부르는 현상이다. 여러 문화권에 '월요병'과 유사한 의미의 말이 있을 정도인 것을 보면 정말 대부분의 사람이 월요일이 되면 우울해지는 걸까? 아니면 그런 것은 원래 없는 걸까?

캐나다 브리티시컬럼비아대학교의 존 헬리웰(John F. Helliwell) 교수는 1년 반에 걸쳐 행해진 대규모 조사에 착수했다. 헬리웰 교수는 50만 명이 넘는 사람들을 대상으로 요일마다 행복감, 즐거움, 기분 고양 등의 관련 자료를 수집했다.

이 조사 결과 '월요병은 존재하지 않는다'라는 사실이 밝혀졌다. 사실 평일은 어느 요일이나 비슷비슷했다. 월요일에 유독 기분이 가라앉는다는 사람도 있었지만, 그런 사람은 월요일뿐 아니라 화요일이나 수요일에도 우울했다.

한편 연구팀은 '일요일이 되면 기분이 들뜨고 행복해진다'라는 사실을 확인했다. 월요병은 없어도 일요일만 되면 괜히 기분이 좋아진다는 사실을 확인한 연구였다. 헬리웰 교수는 이러한 현상을 '주말 효과(Weekend effects)'라고 불렀다. 그런데 이 주말 효과에도 몇 가지 규칙이 있다는 사실이 추가로 밝혀졌다. 조직에서 낮은 직급의 사람이 중역이나 대표이사보다 두 배 정도 높은 고양감을 주말에 느낀다는 것이다. 평사원일수록 주말 효과의 수혜를 톡톡히 누린다고 볼 수 있다. 회사 임원이나 대표이사는 일요일이라고 해서 마음을 완전히 내려놓고 쉴 수 없을 것이다. 직위가 높아지면 강한 책임감과 압박감이 더해져 일요일에도 마음을 완전히 놓을 수 없다. 그렇게 생각하면 평사원이 대표이사보다 마음이 편하다고 할 수 있다. 평사원은 적어도 일주일 중 하루, 즉 일요일만은 행복감에 취할 수 있지만, 임원이나 대표이사는 일요일조차 날아갈 듯한 행복감을 느낄 수 없기 때문이다.

본론에서 살짝 벗어난 이야기인데, 연구팀의 조사로 다른 사람과의 관계(수다 등)를 일주일에 1.7시간 정도 늘리면 행복도가 약 2퍼센트 높아진다는 사실도 알려졌다. '고작 2퍼센트'가 의미가 있냐고 생각할지 모르지만, 누군가와 대화하는 시간을 조금이라도 가지는 게 행복감을 높이는 데 도움이 될 수 있다는 사실은 기억해 둘 만하다.

8月
일
월
화
하ー

z z z
수
목
금
토
두근두근

심리 실험 54

지능이 높은 사람일수록 업무 만족도가 높다는데?

미국 인디애나대 에릭 곤잘레스물레 교수의
'지능과 업무 만족도 간 관계 실험'

미국 인디애나대학교의 에릭 곤잘레스물레 교수는 1980년부터 2014년까지 발표된 논문 중에서 '지능과 업무 만족도와의 관련성'을 다룬 논문 38편을 메타 분석했다. 그 결과 지능이 높은 사람일수록 업무 만족도가 높다는 사실을 알게 되었다. 왜 이런 결과가 나왔을까? 머리가 좋은 사람은 좋은 직장에 다니며 높은 연봉을 받기 때문일까? 머리가 좋은 사람은 적당히 꾀를 내어 조금 일하고도 높은 성취를 올릴 수 있기 때문일까? 곤잘레스물레 교수가 분석한 그 이유를 들어 보자.

머리가 좋은 고학력자는 인생에서 승자가 될 수 있다. 이런 사실을 잘 알기에 엄청난 비용을 쏟아부으며 아이 교육을 위해 애쓴다.

'공부 좀 못해도 사회생활 하는 데 전혀 문제 없어.'

'학교 졸업장 따위 사회에 나오면 아무 의미 없어.'

물론 이렇게 생각하는 사람도 있지만, 머리가 나쁜 사람보다는 역시 머리 좋은 사람이 인생에서 승자가 될 확률이 높다.

"죽도록 공부만 하는 인생은 하나도 재미없어."

안타깝지만 이 역시 틀린 주장이다. 머리 좋은 사람일수록 일에서 즐거움을 느낀다는 사실이 연구로 밝혀졌기 때문이다.

미국 인디애나대학교의 에릭 곤잘레스물레(Erik Gonzalez-Mulé) 교수는 1980년부터 2014년까지 발표된 '지능과 업무 만족도와의 관련성'을 조사한 논문 38편을 요약하고 종합해 재검토했다. '지능과 업무 만족도는 무관하다'라는 논문도 있었으나 '지능과 업무 만족도는 밀접한 관계가 있다'라는 결론을 낸 논문도 있었다. 곤잘레스물레 교수는 이들 논문을 모두 모아서 연구 결과를 종합하고 분석했다. 지능은 GMA(General Mental Ability) 테스트로 측정했는데 GMA 점수가 높은 사람

하 하 하

일수록 직업 만족도가 높다는 사실을 알게 되었다. 머리가 좋은 사람이 일에서 재미를 찾아 즐길 줄 안다고 볼 수 있는 것이다.

다만 지능이 직접 만족도를 높이는 건 아니었다. 연구팀의 조사에 따르면, 머리가 좋은 사람은 단순 작업을 요구하는 업무가 아닌 도전 정신을 불태울 수 있는 직종에 종사할 가능성이 크기 때문이었다. 가슴 설레며 성취감을 느낄 수 있는 일을 하기에 업무 만족도도 높아질 수 있었다.

머리 좋은 사람은 더욱 도전적으로 어려운 일에 매진할 수 있다. 머리 나쁜 사람은 단순 업무에 주로 종사한다. 그 차이가 업무 만족도의 차이로 나타난 것이다. 열심히 공부해서 학력이 높아질수록 본인이 선택할 수 있는 일자리의 폭이 넓어진다. 그런 의미에서도 많은 부모가 내 아이의 교육에 투자하는 게 잘못된 선택이 아니라고 할 수 있다.

심리 실험 55

명성이 높은 사람일수록 무뚝뚝하고 엄숙한 표정이 되기 쉬운 심리학적 이유

미국 미시간대 퍼트리샤 첸 박사의
'얼굴 표정에 드러나는 그 사람의 지위와 명성 실험'

우리나라를 대표하는 10대 또는 20대 기업 총수를 소개하는 증명사진을 한 번쯤 볼 기회가 있을 것이다. 얼핏 보고 지나치면 회사 대표들이 서로 비슷비슷한 이미지인 듯하지만, 자세히 뜯어보며 관찰하면 각자의 얼굴에 자기가 이끌고 있는 회사가 우리나라 재계에서 차지하는 서열이라든지 자기 회사에 대한 자부심 같은 게 드러나며 조금씩 표정이 다른 게 느껴진다. 미국 미시간대학교 퍼트리샤 첸 박사는 사회적 명성이 높은 사람일수록 주위에 친근한 태도를 보일 필요가 없어 점점 표정이 무뚝뚝하고 엄숙해질 것이라는 가설을 세웠다. 실험 결과 첸 박사의 가설이 들어맞았을까?

신문이나 잡지 등 미디어에 소개되는 기업 대표이사의 사진을 떠올려 보자. 희미하게 미소 짓고 있는 사람이 어쩌다 있기는 하지만 대개 무표정한 얼굴이다. 대학교 홈페이지에 소개된 교수 사진을 봐도 하나같이 무뚝뚝하고 엄격한 표정을 하고 있다.

그 이유는 '붙임성 있는 태도를 보일 필요가 없기 때문'이라고 지적한 연구가 있다. 미국 미시간대학교의 퍼트리샤 첸(Patricia Chen) 박사는 붙임성 있는 태도로 친근하게 대하거나 인사성이 밝은 사람은 대부분 사회적 명성이 높지 않은, 그렇게 대단하지 않은 사람일 것이라는 가설을 세웠다. 지위가 높거나 명성이 생기면 누구에게나 사근사근한 모습을 보일 필요가 없어 점점 더 무표정한 얼굴이 될 것이라는 이야기다. 유명세를 쌓는 과정에서 무뚝뚝한 인상을 주는 표정이 얼굴에 붙어 사진을 찍을 때 입가가 미동조차 하지 않는 얼굴이 만들어질 수 있다.

연구팀은 이러한 가설을 증명하고자 잡지 《U.S. 뉴스 & 월드 리포트(U.S. News & World Report)》가 평가한 전미 톱 20에 오른 비즈니스 스쿨 학장을 조사했다. 다만 톱 20에 선정된 여성 3명은 성별에 따른 영향을 고려해 제외하고 남성 학장 17명의 증명사진을 실험에 활용했다.

실험 참가자 37명에게 남성 학장 17명의 사진을 보여 준 후 질문했다.

"어떤 느낌이 드나요? 어느 정도로 붙임성 있는 사람처럼 보이나요?"

실험 참가자들은 사진 속 인물이 어느 대학 학장인지 알지 못하는 상태였으나, 순위가 높은 비즈니스 스쿨 학장일수록 "무뚝뚝해 보인다"라고 대답한 사람이 많다는 사실이 밝혀졌다. 순위가 낮은 학교의 학장은 학내에서는 최고 실권자이지만 사회적으로는 그렇지 못하다는 자각이 있는지 옅은 미소를 지은 표정으로 사진에 찍혔다. 그러나 순위가 높은 학교의 학장은 근엄하고 엄격한 표정을 하고 있었다. 사회적으로 지위가 높아질수록 붙임성이 없어진다는 가설이 어느 정도 확인된 사례라고 볼 수 있다.

조직 내에서 출세하거나 내가 이끌고 있는 회사 규모가 커지는 것은 무척 기쁜 일이다. 그러나 성공할수록 그만큼 '호감을 주지 않는 표정'을 지니게 될 수 있다는 사실을 가슴에 새겨야 한다. 누구에게나 친근한 태도를 보일 필요가 없어질수록 사람은 일상생활에서 웃음기가 사라지고 표정이 빈곤해진다. 그래서 지위가 높은 사람일수록 무표정한 인상으로 변하곤 하는 것이다. 의식적으로 붙임성 있는 태도를 보이며 균형을 잡지 않으면 정말로 고약한 인상이 될 수 있음을 절대 잊지 말기 바란다.

심리 실험 56

내가 싫어하는 사람이 나를 싫어하면 상처받을까?

미국 캘리포니아대 캐런 곤살코랄 박사의
'싫어하는 사람이 거부할 때
마음의 상처를 받는지 여부 실험'

나는 싫어하는 사람이 제법 많다. 그러니 나를 싫어하는 사람도 당연히 많지 않을까? 만일 내가 싫어하는 사람이 나를 노골적으로 무시하면 기분이 어떨까? 서로 싫어하는 상황이니 별로 개의치 않을 것 같다. 그러거나 말거나 나도 무시하면 되는 거 아닐까? 그런데 실제로는 내가 싫어하는 사람에게 따돌림 당하면 상당히 기분이 나쁜 것을 넘어 마음에 깊은 상처가 새겨질 수 있다고 한다. 또 자기 존재 자체가 무가치하다는 생각으로 빠져들기도 한다고 한다. 참으로 인간은 예민하고 또 연약한 존재다.

누구에게나 싫어하는 사람이 있다. 내가 싫어하는 사람 역시 나를 싫어하기 쉽다. 그런데 내가 싫어하는 사람이 나를 무시한다면 어떤 기분이 들까? 단순하게 생각하면 서로 싫어하니까 대수롭지 않게 넘길 수 있을 것 같다. 오히려 무시해 줘서 고맙다고 생각할 것 같기도 하다. 그런데 실제로는 아무리 내가 싫어하는 사람이라도 나를 거부하면 마음의 상처가 되는 모양이다. 인간이란 참으로 신비한 생물이다. 싫어하는 사람이 무시하든 말든 신경 쓰지 않으면 그만인데 이상하게 신경에 거슬리는 희한한 습성이 있다.

미국 캘리포니아대학교에서 박사 후 연구원으로 있는 동안 캐런 곤살코랄(Karen Gonsalkorale) 박사는 '내가 싫어하는 사람이라도 나를 거부하면 상처 받는다'라는 가설을 세웠다. 그러고는 이를 확인하기 위해 오스트레일리아의 뉴사우스웨일스대학교 학생을 대상으로 실험을 진행했다.

연구팀은 실험 참가자 1명이 포함된 팀을 구성해 농구 패스 연습과 비슷한 작업을 인터넷상에서 수행하게 했다. 팀의 다른 구성원은 모두 연구팀이 고용한 연기자로, 이들은 자기들끼리만 공을 주고받고 실험 참가자에게는 공을 넘기지 않는 식으로 치사하게 따돌리는 수법을 쓰라는 지시를 받았다.

실험을 시작하기 전 이 연기자들이 사실은 인종 차별주의자 단체를 지지하는 이들이라고 참가자에게 알려 주었다. 일반적으로 사람들은 인종 차별주의 단체를 부정적인 시선으로 바라보기 때문에 그 단체를 지지하는 사람들에게도 혐오감을 느낀다. 그래서 그들이 팀 플레이를 하는 동안 공을 넘겨주지 않고 따돌렸다고 해서, 즉 무리에 끼워 주지 않았다고 해서 딱히 소외감을 느끼거나 상처받을 일은 없을 터이다.

그런데 실제로는 자기가 싫어하는 사람에게 따돌림을 당하면 심리적으로 무척 위축된다는 사실을 확인할 수 있었다. 실험 후 이루어진 조사에서 따돌림을 당하며 자존심에 큰 상처를 입었고 자기가 무가치한 존재처럼 느껴졌다는 사실도 알게 되었다.

내가 싫어하는 사람이라도 대놓고 나를 무시하면 마음에 깊은 상처를 입을 수 있다.

"나는 여자에 관심 없어. 여자들이 나를 싫어하든 말든 상관 안 해."

이렇게 공언하는 사람도 젊은 여성이 눈길도 주지 않고 냉랭하게 말하면 역시 상처를 받는다. 우리는 싫어하는 사람의 입에서 '나는 네가 싫어'라는 말을 직접적으로 들으면 크게 상처받고 마는 여린 생물이라는 사실을 입증한 심리 실험이었다.

심리 실험 57

현대인의 '참을 수 있는 시간'이 점점 짧아지고 있다?!

미국 네브래스카대 피오나 나 교수,
애리조나대 나라얀 자나키라만 교수의
'현대인의 기다리지 못하는 성향 실험'

현대인에게 느긋하게 기다리는 습성은 완전히 사라졌을까? 개인 성향에 따른 차이를 어느 정도 인정하더라도, 오늘날을 살아가는 우리는 무언가 작동을 위해 기다려야 하는 아주 잠깐의 시간조차 참지 못하고 안달하기 일쑤다. 키오스크 주문 기계가 가벼운 터치에 따라 바로바로 넘어가지 못하고 다소 버벅대기라도 하면 여러 번 반복해서 터치해 보고는 곧 기계 고장을 의심해 관리자를 찾아 댄다. 조금도 기다리지 못하게 된 이런 성향으로 인해 우리는 더 쉽게 화를 내고 더 쉽게 타인을 공격하게 된 것은 아닐지, 스스로 돌아보며 자주 점검해야 할 일이다.

현대인의 조급증은 나날이 정도가 심해지고 있다. 옛날 사람들은 지금보다 훨씬 태평했다. 매사가 느긋하게 돌아갔다. 그러나 사회 전반의 속도가 빨라지며 사람들의 마음이 급해졌다. 지하철이 조금만 늦어도, 식당에서 주문을 받으러 오는 직원이 조금만 늦어도 '발끈'하는 게 현대인이다. 현대인은 참을성이 없다. 그렇다면 정보 검색에 시간이 걸릴 때는 어느 정도 기다릴 수 있을까?

미국 네브래스카대학교의 피오나 나(Fiona Fui-Hoon Nah) 교수는 인터넷 사용자가 정보를 내려받을 때 어느 정도 기다릴 수 있을지 조사하는 실험을 진행했다. 이 실험 결과 현대인이 참을 수 있는 시간이 점점 짧아지고 있다는 사실이 밝혀졌다. 사람들은 고작 2초 기다린 후 검색한 정보가 나오지 않고 같은 화면이 나오면 짜증스럽게 새로고침을 몇 번씩 누르다 검색 창을 닫아 버렸다. 2초라니, 그건 너무 짧다고 생각되는가? 그러나 다른 연구에서도 비슷한 결과가 보고되었다.

미국 애리조나대학교의 나라얀 자나키라만(Narayan Janakiraman) 교수는 대학생 98명에게 게임을 시키고 '3위 안에 들면 보너스 50달러를 지급하겠다'라고 공지했다. 실험 참

1초… 2초…
DOWNLOAD

가 학생들은 몇몇 게임 중 자기가 좋아하는 것을 컴퓨터에 내려받아야 했는데, 연구팀은 일부러 다운로드 시간에 차이가 있도록 설정해 두었다. 게임 프로그램을 내려받는 시간을 기다리기 싫을 때는 중지 버튼을 누르고 다른 게임을 내려받아도 좋다고 알려 주었다.

그러자 대다수 학생이 다운로드에 시간이 걸리는 경우 바로 중단했다. 학생들은 10초도 참지 못했다. 참고로 다운로드를 기다리는 동안 주의를 분산시킬 대상(화면에 움직이는 캐릭터가 나타나는 등)이 있으면 아주 약간 기다리는 시간이 늘어났는데, 그래봤자 20초도 기다리지 못하고 중지 버튼을 눌렀다.

현대인은 아주 짧은 시간도 기다리지 못하게 되었다. 벌컥 짜증을 내거나 성질을 내는 사람이 많아진 것도 참을성이 부족해졌기 때문일 수 있다. 이런 글을 쓰고 있는 나 역시 짧든 길든 기다려야 하는 시간이 주어지면 조바심이 나서 어쩔 줄 모르는 인간이다. 특히 컴퓨터 전원 버튼을 켜서 부팅을 기다리는 잠깐 동안 책이라도 읽지 않으면 시간을 낭비한다는 생각이 들어 기분이 안 좋아진다. 여러분도 이렇게 참을성 없는 사람이 되어 가고 있는 건 아닌지 돌아보기 바란다.

심리 실험 58

나르시시스트 CEO가 이끄는 회사는 과연 실적이 좋을까?

미국 펜실베이니아주립대 아리짓 차터지 박사의
'CEO의 나르시시스트 성향과 회사 실적 간 관계 실험'

"다 내 덕분이지!", "다 내가 한 거야!" 성공한 기업의 CEO 중에 나르시시스트 성향이 강한 인물이 많다는 것을 알고 있는가? 대담하게 결정하고 작은 성과라도 여기저기 내보이며 자신감 있게 행동하는 나르시시스트 CEO가 이끄는 기업은 전반적으로 실적이 우수한 것으로 나타났다. 주위 관심 끌기를 즐기는 나르시시스트 성향이 자극제로 작용해 몇 배나 더 노력하며 과감한 투자 결정을 한 덕분이지 않을까? 그러나 나르시시스트 CEO가 이끄는 회사는 성공할 확률이 높은 만큼이나 실패할 확률 또한 높다는 사실을 잊지 말아야 한다. CEO 본인의 높은 목표를 위해 나아가는 과정에서 위험성이 증가하기 때문이다.

'나르시시스트'와 관련된 이야기를 하나 더 해 보자. 회사에서 직급이 점점 높아짐에 따라 자기가 대단한 사람이라도 된 양 착각에 빠져 나르시시스트가 되는 이들이 있다. 그런 사람 가운데 나르시시스트 성향이 특히 심한 CEO가 있다. 자기중심적이고 독선적이라 모두를 힘들게 하는 사람이 최고위직에 올랐으니 그 밑에서 일하는 사람들은 하루하루가 살얼음판을 걷는 기분이다.

그런데 실제로 나르시시스트 성향이 심한 CEO가 이끄는 기업일수록 실적이 좋다. 미국 펜실베이니아주립대학교의 아리짓 차터지(Arijit Chatterjee) 박사는 컴퓨터 산업 분야 CEO 111명을 대상으로 나르시시스트 성향 정도를 측정했다.

그 바쁜 사람들이 나르시시스트 검사에 개별적으로 응해 줬을까? 연구팀이 쓴 방법은 전혀 다른 것이었다. 연구팀은 매년 각 기업에서 나오는 연차 보고서 사진을 검사 도구로 활용했다. '독사진 크기가 페이지 절반 이상을 차지'할 때 그 CEO의 나르시시스트 정도를 높다고 판단해 4점을 주었다. 이어 '독사진 크기가 페이지의 절반 이하'이면 3점, '직원 두 사람 이상과 함께 찍은 사진'이면 2점, '자기 사진을 싣지 않았으면' 1점을 주었다.

또 데이터베이스를 활용해 각 CEO의 강연, 연설을 분석했는데, '나' 또는 '저' 같은 단수 1인칭을 사용하는 빈도가 높은 사람은 나르시시스트 성향이 강하고 '우리' 또는 '우리 회사' 같은 복수 1인칭을 자주 사용하는 사람은 나르시시스트 성향이 약하다고 판정했다. 이런 식으로 CEO의 나르시시스트 정도를 측정한 결과 CEO의 나르시시스트 점수가 높을수록 회사 실적이 좋았다.

왜 이런 현상이 발생했을까? 나르시시스트 정도가 심한 CEO는 대담한 성격에 눈에 띄기를 즐겨 언론이나 주위에서 주목을 받기 쉽다. 이렇게 관심을 즐기는 성향이 회사 실적을 끌어올렸다고 추정할 수 있다. 다만 기업 실적이 좋다고 해도 '크게 성공하거나 크게 실패하는' 식으로 어느 한쪽으로 치우치는 경향이 있다는 사실도 규명했다. 나르시시스트 CEO는 전체적으로는 실적을 올릴 수 있지만 보이지 않는 곳에서 크게 실패한 CEO도 많다.

그러니 '나르시시스트처럼 행동하면 회사 실적이 좋아진다'라고 단정하지 말기 바란다. 나르시시스트 CEO가 이끄는 회사는 성공할 확률이 높은 만큼이나 실패할 확률도 높다.

심리 실험 59

갓난아기는 다른 아기와 자기 울음소리를 구별할 수 있으며 다른 아기에게 공감할 줄 아는 능력을 지녔다?

이탈리아 파도바대 마르코 돈디 박사의
'신생아가 자기 울음소리와 다른 아기
울음소리를 구별하는지에 관한 실험'

이제 막 세상에 나온 아기가 본능적으로 젖을 빠는 것 말고 뭐 다른 걸 할 수 있겠냐고 생각하기 쉽다. 그런데 어른들이 알아차리지 못할 뿐 사실 신생아도 특별한 능력을 가지고 있지는 않을까?

이탈리아 파도바대학교의 마르코 돈디 박사는 신생아실에서 아기 한 명이 울기 시작하면 다른 아기들이 연이어 울음을 터뜨리는 현상을 주의 깊게 관찰했다. 몇 가지 조건을 두어 관찰해 보니, 갓 태어난 아기들이 자기 울음소리와 다른 아기 울음소리를 구별하고, 다른 아기 울음소리가 들리면 슬픈 표정을 지으며 따라 운다는 것을 발견했다. 갓난아기가 다른 아기의 감정에 공감하는 능력이 있다니, 참으로 놀랍지 않은가?

산부인과 신생아실에서는 아기 한 명이 울기 시작하면 다른 아기들도 연이어 울음이 터지는 현상을 자주 관찰할 수 있다. 다른 아기의 울음소리를 듣고 슬퍼져서 따라 울기 시작하는 것일까? 그렇다면 갓난아기도 다른 아기를 배려하는 마음이 있다고 볼 수 있다. 그게 아니라면 다른 아기 울음소리가 시끄러워서 짜증이 나서 우는 것일까? 아기들은 어떻게 자기 울음소리와 다른 아기 울음소리를 구분할 수 있을까?

이탈리아 파도바대학교의 마르코 돈디(Marco Dondi) 박사는 갓난아기가 울음소리를 구분할 수 있는지 검증하는 실험을 진행했다. 돈디 교수는 생후 사흘 이내의 아기 30명(남아 17명, 여아 13명)을 대상으로 다음 세 가지 조건을 두어 관찰했다.

① 남아 6명, 여아 4명에게 자기 울음소리를 녹음해 4분 동안 들려주었다.
② 남아 6명, 여아 4명에게 다른 아기 울음소리를 녹음해 4분 동안 들려주었다.
③ 남아 5명, 여아 5명에게 아무것도 들려주지 않았다.

그리고 울음소리를 들려주기 전후 아기의 표정 변화를 촬영해 분석했다. 그랬더니 ①과 ③ 조건에서는 아기 표정의 변화가 거의 나타나지 않았다. 반면 ② 조건에서는 아기가 아주 빈번히 슬픈 표정을 짓는다는 사실을 알게 되었다. 게다가 슬픈 표정을 지속하는 시간도 길었다.

아무래도 아기는 자기 울음소리와 다른 아기 울음소리를 구분할 수 있는 모양이다. 그래서 다른 아기가 울면 슬픈 표정을 지으며 울음을 터트렸다. 갓 태어난 아기도 다른 아기의 감정을 살피고 공감하는 능력이 있다는 사실은 이렇게 증명되었다.

아기는 어른과 달리 말을 할 줄 모른다. 그래서 아기에게 어떤 능력이 있는지 아직 밝혀지지 않은 부분이 많은데, 우리가 모르는 훨씬 다양한 능력을 태어날 때부터 가지고 있을 수도 있다.

심리 실험 60

신체의 통증을 억제하는 약은 마음의 고통도 감소시킬 수 있다?

미국 켄터키대 C. 네이선 디월 교수의
'진통제와 심리적 통증 감소 효과 실험'

넘어져 다치거나 음식을 잘못 먹어 배가 아픈 신체적 고통과 믿고 있던 친구에게서 인신공격적 비난을 받거나 내가 속한 그룹에서 따돌림 당한 데서 온 심리적 고통은 우리에게 전혀 다른 것으로 느껴진다. 둘다 고통스러운 것은 매한가지이지만 고통의 성격이 다르니 우리 뇌에서 이를 받아들이는 것 역시 각각 다른 메커니즘을 따르지 않을까? 그런데 실제로 우리 뇌는 신체적 아픔과 심리적 아픔을 구별하지 못한다고 한다. 그래서 신체적 통증에 효과를 발휘하는 진통제가 심리적 통증을 감소시키는 역할을 할 수도 있다고 한다. 관련 연구를 통해 좀 더 자세히 살펴보자.

우리 뇌는 '신체적 아픔(상처, 부상 등)'과 '심리적 아픔(다른 사람의 무시 등)'을 기본적으로 구별하지 못한다. 왜 이런 일이 발생할까? 신체적으로나 심리적으로 통증을 느끼면 뇌에서 같은 부분이 활성화되기 때문이다. '몸이 아프다'와 '마음이 아프다'는 질적으로 완전히 다른 것이지만 우리 뇌는 이들 간 차이를 대수롭지 않은 것으로 여긴다.

미국 켄터키대학교의 C. 네이선 디월(C. Nathan DeWall) 교수는 이러한 사실을 바탕으로 재미있는 가설을 떠올렸다.

'우리 뇌가 신체적인 아픔과 심리적인 아픔을 같다고 느낀다면 신체적인 아픔을 줄이기 위한 약을 투여해 심리적 아픔을 줄일 수 있지 않을까?'

연구팀은 바로 이 가설을 검증하기 위해 진통제 아세트아미노펜을 준비했다. 그리고 실험 참가자가 속한 가상의 그룹을 구성한 후 그룹 멤버들이 실험 참가자를 무시하고 따돌리게 했다. 이는 실험 참가자가 심리적 아픔을 느끼도록 연출한 상황이었다.

이렇게 마음의 아픔을 느끼고 있는 참가자에게 아세트아미노펜을 투여한 후 MRI 촬영으로 뇌의 활동을 분석했다. 그러

자 가설대로 아세트아미노펜이 심리적 아픔을 줄일 수 있다는 사실을 알게 되었다. 신체적 통증을 억제하는 약은 마음의 통증 또한 감소시킬 수 있었다.

무언가 안 좋은 일로 인해 마음이 아플 때 신체의 아픔을 덜어 주는 진통제가 힘든 마음에 도움이 될 수 있다. 다만 약물을 처방받으려면 의사의 진단이 필요하다. 약국에서 쉽게 살 수 있는 진통제로도 같은 효과를 기대할 수 있을지는 아직 밝혀지지 않았다. 임의로 판단해 아무 진통제나 복용하는 것은 절대 바람직한 방법이 아니다. 우리 뇌가 아픔을 인지하는 메커니즘이 이렇다는 원리를 이해할 필요가 있을 것 같아 이 실험을 소개한 것이다. 직접 복용할 약이 필요할 때는 무조건 의사의 진단을 먼저 받아야 한다는 것을 잊지 말자.

이 연구는 추가 연구가 이어져야 한다. 적어도 현재 단계에서는 '신체의 아픔을 없애고 마음의 아픔도 줄여 줄 가능성이 보이기 시작했다' 정도일 뿐이다. 그러니 속상하고 우울하다고 해서 아무 진통제나 함부로 복용하지 말 것을 다시 한번 당부한다.

심리 실험 61

함께 오래 산 부부가 배우자의 취향을 잘 안다고 생각하는 것은 완벽한 착각이다?

스위스 바젤대 벤야민 샤이베헤네 박사의
'배우자의 취향을 얼마나 잘 알고 있는지에 관한 실험'

부부가 함께한 시간이 길면 길수록 서로를 더 잘 알게 되는 건 당연한 일 아닐까? 부부생활을 오래 지속한 경우 상대가 좋아하고 싫어하는 음식, 영화, 옷 등을 내가 확실히 파악하고 있다고 생각할 확률이 높다. 그런데 이런 생각이 착각에 불과하다는 연구가 있다.
오랜 세월을 함께했다고 해서 그 시간에 비례해 상대를 더 많이, 더 깊이 파악하고 있는 것은 아니라고 한다.
스위스 바젤대학교의 벤야민 샤이베헤네 박사가 이러한 결론을 내리게 된 연구를 살펴보자. 샤이베헤네 박사는 함께한 시간이 평균 2년이 좀 넘는 젊은 부부 38쌍과 평균 40년 이상을 함께한 장년 부부 20쌍을 비교하며 연구를 진행했다.

오랜 세월 동고동락한 부부는 서로에 대해 속속들이 안다고 생각하곤 한다. 그런데 이는 단순한 추측에 불과하다는 연구 결과가 있다. 30년 세월을 함께한 부부라도 역시 상대를 잘 알지 못한다고 생각하는 게 현명하다.

"여보, 당신이 좋아하는 색깔 셔츠가 있어서 사왔어. 어때? 좋지?"

아내가 남편을 생각해 사온 옷을 자랑스레 꺼내 보이는 장면을 상상해 보자. 그런데 남편은 좋다 싫다 말 대신 복잡한 표정을 짓는다. 자기에게 마음을 써 준 아내에게 "나 그런 색깔 안 좋아해"라고 대놓고 말할 수 없기에 남편은 미묘한 표정을 지을 수밖에 없는 것이다.

스위스 바젤대학교 경제심리학 센터의 벤야민 샤이베헤네(Benjamin Scheibehenne) 박사는 함께한 지 평균 2년 1개월밖에 되지 않은 젊은 부부 38쌍과 평균 40년 11개월 해로한 장년 부부 20쌍을 모집해 음식 취향, 영화 취향, 가구 취향 등 118개 항목을 대상으로 조사했다. 자기 취향을 답하는 게 아니라 배우자가 그 대상을 얼마나 좋아하는지를 추측해 대답하게 했다.

이는 각자 배우자의 취향을 어느 정도로 파악하고 있는지 알아보기 위한 연구였는데, 어떤 결과가 나왔을까? 젊은 부부의 정답률은 42.2퍼센트였다. 절반 이상이 빗나갔지만 그래도 그럭저럭 괜찮은 성적이다. 그렇다면 장년 부부는 어땠을까? 40년 이상을 해로한 부부라면 배우자의 취향 정도는 척척 꿰고 있으리라 예상되지 않는가? 장년 부부의 정답률은 젊은 부부의 정답률보다 낮은 36.5퍼센트였다.

오랜 세월을 함께했다고 해서 상대방의 취향까지 완벽하게 알 수는 없다. 아내는 남편이 불고기를 좋아한다고 생각해 자주 불고기 반찬을 밥상에 올렸지만 정작 남편은 불고기를 딱히 싫어하지는 않지만 좋아하지도 않았다. 이런 일은 어느 가정에서나 흔하다.

연구팀은 배우자의 취향을 추측하라고 하며 '확신도'도 함께 조사했다. 자기 예상이 어느 정도 적중한다고 생각하는지 물었을 때 장년 부부일수록 자기 예상이 정확하게 들어맞을 거라고 확신하는 경향을 보였다.

'나는 아내에 대한 것이라면 모르는 게 없다.'

'나는 남편에 대한 것이라면 내 일보다 더 잘 안다.'

이렇게 자신감을 보이는 장년 부부가 있다면 단순한 착각이라고 알려 주고 싶다. 몇십 년을 함께 살아왔고 본인들이 행복하다면 아무 문제 없지만 말이다.

심리 실험 62

역대 미국 대통령 중 '사이코패스' 성향이 가장 강한 인물은 누구?

미국 에모리대 스콧 릴리언펠드 교수의
'미국 역대 대통령의 사이코패스 정도 연구'

반사회적 인격 장애를 지닌 사람, 즉 사이코패스는 충동을 억제하지 못하고 다른 사람에게 공감하지 못한다. 그러나 어떤 위험이나 장애가 눈앞에 있을지라도 두려움 없이 밀어붙이는 힘이 있다. 이는 사이코패스의 다양한 특성 중 몇 가지를 말한 것인데, 우리는 이런 성향을 지닌 듯 보이는 사람들을 매일 뉴스에서 접한다. 바로 정치인이다. 실제로 정치인, 엄청나게 성공한 경영자에게 사이코패스 성향이 적합하다는 연구가 있다. 미국 에모리대학교의 스콧 릴리언펠드 교수는 미국 역대 대통령의 사이코패스 정도와 정책 실행력을 연관 지어서 평가해 보았다. 사이코패스 성향이 가장 강한 미국 대통령은 누구였을까?

도덕이나 양심이라고는 눈곱만큼도 없어 악행을 태연히 저지르는 사람이 있다. 인격에 이상이 생긴 이런 사람을 '사이코패스(반사회적 인격 장애)'라고 부른다. 충동을 억제하지 못하고, 죄책감을 느끼지 않으며, 다른 사람에게 공감하지 못한다는 특징 등이 있어 사이코패스라고 하면 일반적으로 부정적인 이미지가 따라붙는다.

그런데 특정 직업, 특히 정치인 같은 직종에서는 사이코패스인 사람이 적성에 맞는다고 보는 견해가 있다. 다수가 반대해도 다른 사람의 기분은 아랑곳하지 않고 자기 하고 싶은 대로 꿋꿋하게 밀어붙인다. 그야말로 정치인에게 필요한 자질이다. 또 사이코패스는 공포를 느끼지 않는다는 특징이 있다. 어떤 의미에서는 용감하다고 볼 수 있어 역시 정치인에게 적합한 특징이라고 할 수 있다.

미국 조지아주 에모리대학교의 스콧 릴리언펠드(Scott O. Lilienfeld) 교수는 미국 역대 대통령 42명을 대상으로 역사 전문가와 각 대통령 전기를 집필한 저널리스트에게 '사이코패스 점수'를 매겨 달라고 했다. 또 각 대통령이 재직 중에 시행한 정책에 관해서도 평가해 달라고 요청했다. 조사 결과, 사이코패스 점수가 높은 대통령일수록 뛰어난 정책을 시행했음이 드러났다. 사이코패스의 특성으로 분류되는, 다른 사람 위에 군림하고 싶어 하고 대담하고 공포를 잘 느끼지 못하는 특성을 보인 대통령일수록 높은 평가를 받았다. 또 사이코패스의 특성 중 충동을 억제하지 못하는 반사회적 특성은 나쁜 평가로 이어지기 쉽다는 사실도 알 수 있었다.

참고로 사이코패스 점수와 대통령으로서의 평가가 모두 가장 높았던 대통령은 시어도어 루스벨트, 2위는 존 F. 케네디, 3위는 프랭클린 루스벨트였다. 시어도어 루스벨트는 미국 국익을 위해 다른 나라에 무력행사를 불사하는 일명 '곤봉 외교 정책'으로 유명했다. 그의 곤봉 외교 정책은 "말은 부드럽게, 손에는 큼직한 몽둥이를 들고(Speak soft and Carry a Big Stick)"라는 말이 잘 보여 준다. 존 F. 케네디는 인간을 달에 보내겠다는, 당시 기준으로는 무모해 보이는 발언을 연단에 서서 당당히 말한 후 정말로 인간을 달에 보낸 아폴로 계획을 실행한 대통령이었다. 둘 다 사이코패스 성향을 지닌 인물이다.

사이코패스는 기본적으로는 다른 사람에게 호감을 주지 못한다. 그런데 그런 사람에게 딱 맞는 일도 있는 법이다. 강력한 지도력을 발휘해야 하는 경영자도 사이코패스인 사람에게 적합한 직종임을 보여 주는 데이터가 있다. 사이코패스에게도 조금은 좋은 점이 있다고 봐야 하지 않을까.

심리 실험 63

반려견은 주인이 돌아오는 시간을 아는 '예지 능력'을 갖고 있을까?

영국 하트퍼드셔대 리처드 와이즈먼 교수의
'강아지의 예지 능력 실험'

집에서 키우는 강아지는 웬만한 말은 다 알아들으며 찰떡같이 반응하는 천재견인 경우가 많다. 설령 다른 사람은 알아차리지 못할지라도 주인은 내가 키우는 강아지가 천재라는 것을 모두 다 알고 있다. 그런데 나의 귀가 시간에 맞추어 어김없이 현관에 마중 나와 꼬리를 흔들며 반기는 우리 강아지는 혹시 '예지 능력'까지 갖춘 게 아닐까? '예지 능력' 없이 어떻게 주인의 귀가 시간을 미리 알고 마중 나와 있는다는 말인가! 이 궁금증을 해결하고자 영국 하트퍼드셔대학교의 리처드 와이즈먼 교수가 세심하게 계획한 실험을 네 차례 반복해서 실행했다. 자, 우리 강아지에게 '예지 능력'이 있을까?

주인이 돌아올 시간이 되면 강아지가 헐레벌떡 현관으로 달려가 주인의 귀가를 기다리는 모습을 볼 수 있다. 개에게는 뭔가 특수한 능력, 주인이 돌아오는 시간을 아는 '예지 능력' 같은 게 있을까?

영국 하트퍼드셔대학교 심리학과의 리처드 와이즈먼(Richard Wiseman) 교수는 강아지가 정말로 주인의 귀가 시간을 정확히 예지하는 능력이 있는지 확인하는 실험을 네 차례에 걸쳐 실시했다. 강아지가 주인을 마중 나가는 행동은 '예지 능력'이 아닐 몇 가지 가능성이 있다고 추정해 이들 가능성을 한 가지씩 소거하기 위해 실험을 네 차례 반복한 것이다.

가령 주인이 매일 정해진 시간에 정해진 행동을 규칙적으로 하는 사람일 수 있다. 강아지는 단순한 루틴 행동으로 저녁 일곱 시에 현관까지 쪼르르 달려 나갈 뿐 딱히 주인을 마중 나갈 생각은 없었을 가능성도 있다. 이 가능성을 배제하기 위해서는 주인이 귀가하는 시간을 매일 조금씩 바꾸는 실험이 이루어져야 했다.

루틴 행동이 아니라면 개는 주인이 타고 다니는 자동차 소리를 듣거나 집을 향해 걸어오는 모습을 창으로 보고 반응해

…
예지 능력 있는 걸까?

서 현관으로 달려 나갈 수도 있다. 이 가능성은 주인이 자가용 출퇴근을 중단하거나 보이지 않게 살금살금 현관으로 들어오는 등의 방식으로 배제했다.

또 동거인을 단서로 반응할 가능성도 있다. 남편이 돌아오는 시간이 다가오면 아내가 분주한 움직임을 보일 수 있다. 그 반응을 보고 강아지는 주보호자인 남편의 귀가 시간이 가까워졌음을 알고 현관으로 달려 나가는 식이다. 이 가능성은 아내에게 남편의 귀가 시간을 알려 주지 않음으로써 배제했다.

또 인간의 '선택적 기억'이라는 가능성도 있다. 우리는 현관에 마중 나와 반갑게 맞이해 주는 강아지를 보며 기특한 마음이 들어 몹시 기뻐한다. 이렇게 기뻐했던 기억은 확실하게 머릿속에 남는다. 강아지가 마중 나온 날만 우리가 선택적으로 기억해서 '우리 강아지가 주인의 귀가를 안다'라는 인식이 형태를 갖추었을 수 있다. 이 가능성은 강아지가 매일 마중 나왔는지를 정확하게 기록함으로써 간단히 배제했다.

그 밖에도 다양한 이유가 있을 수 있지만, 와이즈먼 교수는 눈에 띄는 가능성을 하나하나 소거하며 실험을 네 차례 반복했다. 실험 결과 무엇을 알아냈을까? 강아지를 키우는 사람에게는 안타깝게도, 강아지에게는 주인의 귀가를 감지하는 특수한 예지 능력은 전혀 없다는 사실을 확인했다.

"강아지를 안 키워 봐서 그래요. 우리 강아지는 정말로 제가 오는 걸 알고 나와서 기다린다니까요."

이렇게 주장하며 물러서지 않는 사람도 있었지만, 와이즈먼 교수 연구팀이 깐깐하고 엄격하게 실험해서 밝혀낸 사실이다. 강아지를 기르는 사람에게는 실망스러운 실험 결과이지 않을까.

심리 실험 64

왜 사람들은 도움이 꼭 필요한 상황에서도 도움을 요청하지 못할까?

캐나다 토론토대 버네사 본스 박사의
'쉽게 도움을 요청하지 못하는 일을
과소평가하는 상황 실험'

"도와주세요" 또는 "도움이 필요해요"라는 말은 쉽게 할 수 있는 것이 아니다. 힘든 상황에 놓인 사람은 특히 잘 말하지 못한다. 도움을 요청하는 것이 부끄럽거나 민망하거나 하는 불편한 상황이 있을 것이다. 한편 도움을 줄 수 있는 입장에서는 '필요하면 도움을 요청하겠지'라고 생각해서 먼저 손을 내밀지 않는 경우가 많다. 또 괜히 나섰다가 상대를 민망하게 만들지는 않을까 신경이 쓰이기도 한다.
캐나다 토론토대학교의 버네사 본스 박사의 연구는 도움이 필요한 사람들이 도움 요청을 얼마나 불편하게 생각하는지를 도움을 줄 수 있는 사람들이 과소평가하고 있음을 확인해 주었다. 결국 도와줄 수 있는 사람이 먼저 나서야 하는 것이다.

사람은 곤란에 처한 사람을 봐도 그가 먼저 도움을 요청하지 않으면 기본적으로는 도우려 하지 않는다. 정말로 곤란한 상황이라면 도움을 청할 거라고 믿기 때문이다. 혼자서는 이러지도 저러지도 못하는 난처한 상황에서 도움을 요청하지 않을 리 없다는 전제가 바탕에 깔려 있다. 그러나 곤란에 처한 사람은 바로 다른 사람에게 도움을 청하지 않는다. 도움을 청하려면 약간의 용기가 필요해서 선뜻 도와 달라는 말을 할 수 없기 때문이다.

캐나다 토론토대학교의 버네사 본스(Vanessa K. Bohns) 박사는 MBA 코스 어드바이저 프로그램(Advisor Program) 참가자 35명과 조교(Teaching Assistant) 91명을 실험 참가자로 모집했다. 실험 참가자들은 공부와 생활에 곤란을 겪는 학부생들이 찾아왔을 때 상담해 주는 사람들이다.

"학기 중 얼마나 많은 학생이 상담받으러 올 것이라고 생각하는가?"

학기 초 본스 교수가 실험 참가자들에게 상담하러 올 학생 수를 예상해 보라고 하자 어드바이저 프로그램 참가자는 12.6명, 조교는 17.8명이라고 예상했다. 그러나 학기가 끝난 후 실제로 상담을 받으러 온 학생 수는 각각 7.6명과 14.7명으로 예상보다 적었다. 이로써 도움을 주는 사람은 도움을 요청하는 사람이 부끄럽거나 민망하다는 이유로 도와 달라는 말을 할 수 없는 기분을 과소평가한다는 사실을 알게 되었다.

우리는 정말로 도움이 필요한 상황에서는 "도와주세요"라고 말할 수 있지만, 힘들어도 안간힘을 써서 버틸 수 있는 상황에서는 도움을 요청하지 않는다. 그러므로 도와주는 쪽 사람이 신경을 써야 한다. '힘들면 도와 달라고 말하겠지'라고 생각하며 그냥 지나치지 말고 "요즘 힘든 일 없어요?"라고 먼저 적극적으로 말을 걸어야 한다.

이런 '친절 강매'를 자꾸자꾸 실천하자. 그들도 사실은 도움을 요청하고 싶었는데 좀처럼 도와 달라는 말이 나오지 않아 혼자 힘겨워하고 있었을 따름이다. 물건을 강매하듯 말하지 않아도 친절을 베푸는 '친절 강매'가 필요하다.

직장에서도 마찬가지다. 낑낑거리며 무거운 짐을 나르는 사람이 있으면 도와 달라고 말하지 않아도 함께 짐을 날라 주자. 억지로 빼앗듯 짐을 가져가면 상대방은 말로는 사양하고 못 이기는 척 짐을 내주면서도 속으로는 무척 기뻐한다. 도움을 바라면서도 순순히 "도와 달라"라고 말하지 못하는 게 인간의 본심이라는 사실 염두에 두자.

심리 실험 65

상대적으로 권리가 신장된 현대 여성의 행복도가 30년 전 여성보다 크게 낮아진 이유가 '여성의 남성화' 때문이라는데?

미국 펜실베이니아대 벳시 스티븐슨 교수의
'여성의 행복도가 낮아진 아이러니 실험'

교육의 기회와 직업을 선택할 수 있는 권리가 없던 과거 여성에 비해 남성과 동등한 자유와 권리를 획득한 현대 여성은 당연히 더 행복해야 하지 않을까? 그런데 실제 조사에 따르면 여성의 행복도는 과거에 훨씬 더 높았다고 한다. 어떻게 된 일일까?
미국 펜실베이니아대학교의 벳시 스티븐슨 교수는 1970년대 여성과 2000년대 여성의 행복도를 비교 조사했다. 그랬더니 30년 사이 여성의 행복도가 엄청나게 낮아진 것을 확인했다. 이러한 결과가 초래된 원인으로 스티븐슨 교수가 추정한 것은 '여성의 남성화'다. 이에 대해 좀 더 자세히 살펴보자.

미국에서는 과거 30~40년 사이에 여성의 사회적 지위와 생활에 엄청난 변화가 일어났다. 여권 신장은 지표를 보면 확실히 알 수 있다. 과거 여성은 사회적 약자의 처지로 남성과 비교하면 상당수 권리를 인정받지 못했다. 이후 여성은 활발하게 사회로 진출하면서 예전에 비하면 상상할 수 없을 정도로 많은 권리를 쟁취했다.

사회적 지위가 상승하고 더 많은 권리를 얻으면 여성은 과거보다 더 행복해져야 한다. 그런데 현실은 그렇지 못한 모양이다. 불만을 느끼는 원인을 하나씩 제거하면 행복도는 점점 더 높아지는 게 맞는데, 왜 여성은 더 행복해지지 못했을까?

미국 펜실베이니아대학교 와튼 스쿨의 벳시 스티븐슨(Betsey Stevenson) 조교수는 1970년대 여성이 2000년대 여성보다 행복도가 더 높았다는 사실을 밝혀냈다. 여성이 느끼는 행복도는 조사 기간인 30년 사이에 곤두박질쳤다.

왜 이런 현상이 발생했을까? 스티븐슨 교수는 '여성의 남성화'를 가능성 중 하나로 추정했다. 원래 행복도를 조사하면 남녀 성별에 따라 확실한 차이가 나타난다는 사실은 알려져 있었다. 대체로 남성의 행복도가 여성보다 훨씬 낮다. 그런데 여성이 사회로 나오게 되며 남성과 마찬가지로 직장에서 일하고 업무 스트레스를 느끼며 출세나 급여를 두고 고민하는 시간이 늘어났다. 일이나 지위에 있어 남성과 거의 동등한 권리를 얻은 결과 행복도에도 남녀 차이가 없어졌다고 추정할 수 있다.

"남성과 같은 일을 하고 싶다!"

여성의 목소리가 커지며 여성도 남성과 같은 일을 할 수 있게 되자 '남성과 같은 스트레스'도 동시에 느끼게 된 셈이니 이 얼마나 아이러니한 일인가! 게다가 인간이라는 생물은 하나의 불만이 해소되면 금세 새로운 불만을 찾아내는 게 일반적이라 아무리 세상이 좋아져도 근본적으로 불만을 완전히 없앨 수는 없다. 불만은 영원히 해소될 수 없다는 사실을 깨닫고 사소한 일에 일일이 짜증을 내지 않도록 마음을 다스리는 게 현명하지 않을까.

행복이

CHAPTER

5

연봉을 높이고 싶다면 자존감부터 높여라

심리 실험 66

사교적이지 않은 사람일수록 성공 가능성이 높다고?

이스라엘 라이크만대 차히 아인도어 교수의
'애착 회피 성향이 프로 스포츠와
컴퓨터 공학에서의 성공 요인 실험'

다른 사람과 팀을 이루어 함께 일할 수 없고 온전히 홀로 힘든 것을 견디며 해야 하는 일이 있다. 스포츠에 빗대어 말하자면, 축구처럼 팀 플레이를 하는 종목이 아닌 개인 종목이라고 할까. 이런 분야에서는 결국 자기 자신을 상대로 싸워 나가야 한다. 타고난 성격상 다른 사람들과 어울리는 데 서툰 이들은 사교성을 발휘해야 하는 일에서는 위축되기 쉽다. 그러나 붙임성 없고 애착을 회피하는 성향을 지닌 이들이 개인 종목에서는 훨씬 성공 확률이 높다. 자기 성향에 맞지 않는 일을 하며 고통 받고 타고난 성향을 일에 적합하도록 바꾸기 위해 애쓰기보다는 자기 자신을 잘 파악해 처음부터 잘할 수 있는 일을 찾는 노력이 필요할 것이다.

입사 면접에서 소통 능력이 중시되듯 누구에게나 살갑게 다가가고 붙임성 좋은 성격은 어떤 직업에서나 필요한 자질로 꼽힌다. "웃는 집에 복이 있다", "웃는 얼굴에 침 못 뱉는다"라는 의미와 유사한 속담으로 중국에서는 "웃는 얼굴이 아니라면 장사하지 말라"라는 게 있다.

그러나 타고난 성격이 내성적이고 사교적으로 행동하는 데 부담을 느끼는 사람이 세상에 많고 많은데, 그런 사람은 모두 일에서 성공할 수 없다는 걸까? 그렇지 않다. 세상에는 '붙임성 없는 사람'일수록 성공할 수 있는 일도 엄연히 존재한다고 하니 안심해도 좋다.

이스라엘 헤르츨리야 라이크만대학교의 차히 아인도어(Tsachi Ein-Dor) 교수는 프로 스포츠 세계에서는 고독을 잘 견디며 자기 힘만을 믿고 묵묵히 연습하는 사람일수록 성공 확률이 높아진다는 가설을 세웠다. 쉽게 말해 '사교적이지 않은 사람'일수록 성공할 수 있다는 말이다.

연구팀은 이스라엘 프로 테니스 선수 가운데 남성 40명, 여성 18명을 실험 참가자로 모집했다. 이들의 프로 선수로서의 경력은 평균 5.8년이었다. 연구팀은 실험 참가자들이 어느 정도로 붙임성이 떨어지는지를 물어 보고 나서 1개월 후, 2개월 후, 8개월 후, 1년 후, 1년 4개월 후까지 추적 조사해 공식 테니스 성적 순위를 조사했다.

그러자 천성적으로 다른 사람과의 접촉을 꺼리는 프로 선수일수록 순위가 높다는 확실한 결과를 얻었다. 붙임성이 떨어지는 사람은 다른 사람과 거리를 두고 오로지 연습에 매진했다. 그래서 테니스 성적이 좋아질 수밖에 없었다.

붙임성이 떨어지는 사람이 성공하는 분야는 홀로 분투해야 하는 스포츠뿐만이 아니다. 연구팀은 컴퓨터 공학의 세계에서도 애착 회피 성향을 지닌 비사교적인 사람이 성공하기 쉽다는 사실을 밝혀냈다. 컴퓨터 공학 업계에서 성공하려면 스포츠 선수와 마찬가지로 혼자서 묵묵히 작업을 수행해야 한다. 이런 직종에서는 다른 사람들과 거리를 두는 성격이 유리하게 작용한다.

인간관계가 서툴고 데면데면한 사람, 차갑게 느껴지는 사람은 확실히 많은 직종에서 불리한 위치에 놓일 수 있다. 하지만 모든 직종에서 성공할 수 없는 건 아니다. '붙임성이 떨어지는 사람에게 적합한 일'이 엄연히 존재하니 그런 길로 나아가면 그만이다.

메이저
리그 선수

…
마이너

심리 실험 67

일이 잘 풀려서 행복할까, 행복해서 일이 잘 풀릴까?

독일 에를랑겐뉘른베르크대 안드레아 아벨레 교수의
'객관적 성공과 주관적 성공의 연관 관계 실험'

마음먹은 대로, 계획한 대로 일이 잘 진행되어 목표치에 도달하면 무척 행복한 기분이 든다. 또 늘 긍정적이고 행복한 마음으로 일하다 보면 어느 순간 성공이 내 손에 들어온다. 이 두 논리 중 어느 쪽이 더 인과관계가 있을까? 즉 우리는 성공했기 때문에 행복한가, 행복하기 때문에 성공했는가 말이다. 독일 에를랑겐뉘른베르크대학교의 안드레아 아벨레 교수는 다양한 전공을 지닌 학생 1,336명을 대상으로 그들이 대학을 졸업한 후 10년에 이르는 시간 동안 추적 조사를 벌였다. 그들의 객관적 성공과 주관적 성공 요인 사이에 어느 정도의 인과관계가 있는지 분석했는데, 어떤 결과를 얻었을까?

매일 행복한 기분으로 일하면 만사가 술술 풀릴 것 같지 않은가? 행복한 기분이 행운을 불러오기 때문이다. 그런데 이 인과관계는 우리 상식과 반대일 수 있다. 일이 잘 풀려서 행복한 기분이 드는 것이지 행복해서 일이 잘 풀리는 게 아니라는 사고방식도 성립할 수 있다. '행복한 마음이 성공을 부른다'라는 논리와 '성공해서 행복한 마음이 든다'라는 논리 중 어느 쪽이 옳을까?

독일 에를랑겐뉘른베르크대학교의 안드레아 아벨레(Andrea E. Abele) 교수는 법학부, 의학부, 교양학부, 경제학부, 공학부 학생 1,336명을 대상으로 졸업 1년 후, 3년 후, 7년 후, 10년 후까지 추적 조사에 나섰다. 학생들은 각자 취업해서 다양한 직업에 종사했다.

연구팀은 객관적 성공과 주관적 성공 두 가지를 조사했다. 객관적 성공은 연봉과 조직 내 직위로 조사했다. 수입이 없는 사람을 0점으로 잡고, 1만 유로 이상 버는 사람을 11점으로 측정했다. 또 입사하고 나서 승진한 횟수를 조사해 이를 객관적 성공의 지표로 삼았다. 주관적 성공은 본인의 만족도였다. 어느 정도 내가 하는 일을 좋아하고 만족하는지 점수를 매겨 달라고 했다.

연구팀은 객관적 성공과 주관적 성공 요인에 어느 정도 인과관계가 있는지를 분석했다. 그 결과 '주관적 성공(만족)이 높으면 객관적 성공은 부수적으로 따라온다'라는 논리에 상당한 인과관계가 있음을 확인했다. 반면 '객관적 성공 덕분에 주관적으로도 성공했다는 성취감(만족)을 느낀다'라는 논리에서는 인과관계가 약했다. 결론적으로 '일이 잘 풀려서 행복해지는' 것이 아니라 '행복해서 일이 술술 풀린다'라는 논리에서 인과관계를 찾을 수 있었던 셈이다.

만약 일에서 성공하고 싶다면 어쨌든 불평불만은 가슴에 꽁꽁 묻어 두자.

"나는 정말로 행복한 사람이야!"

"하루하루가 즐거워!"

투덜투덜 불평을 늘어놓는 대신 긍정적인 말을 마법의 주문처럼 외워 보자. 그렇게 행복한 마음가짐으로 일에 집중하면 성공은 어느새 찾아온다. 자기계발 서적에는 평소에 긍정적인 사고방식을 가지고 살면 긍정적인 결과를 얻을 수 있다는 내용이 적혀 있다. 세상이 그렇게 만만한 게 아니라며 회의적으로 생각할 수 있겠지만, 아무래도 영 허튼소리는 아닌 모양이다. 매일 신나게 행복한 마음으로 살자. 그래야 만사가 술술 풀릴 테니 말이다.

심리 실험 68

연봉을 높이고 싶다면 가장 먼저 '자존감'부터 높여라

이탈리아 나폴리대학교 프란체스코 드라고 교수의
'자존감과 연봉의 관계 실험'

높은 수익을 올리고 싶은가? 연봉 협상에서 만족스러운 결과를 얻어 내고 싶은가? 그렇다면 가장 먼저 해야 할 일이 있다. 바로 자기 자신을 사랑하는 일이다. 다른 누군가가 혹은 회사가 나를 아끼고 소중히 여기기를 바라기 전에 우선 스스로 자기를 자랑스러워하며 사랑해야 한다. 나의 '자존감'을 먼저 챙겨야 한다는 말이다. 그저 마음 다독이며 용기 내게 하기 위해서 하는 말이 아니다. 나의 자존감이 실제로 내 손에 들어오는 연봉과 직접적인 관계가 있다는 연구가 있다.
이탈리아 나폴리대학교의 프란체스코 드라고 교수의 연구 결과를 자세히 들여다보자.

자기를 아끼고 소중히 여기는 마음을 심리학에서는 '자존감(self-esteem)'이라 부른다. 자기 자신을 자랑스러워하고 자기를 사랑함으로써 자존감이 높아질 수 있다. 그런데 이 자존감이 심리적 안정이나 만족감과 관련될 뿐 아니라 실질적으로 내 연봉에도 영향을 미친다는 사실을 아는가? 요컨대 연봉을 올리고 싶다면 먼저 자존감을 높이는 게 중요하다는 말이다.

이탈리아 나폴리대학교의 프란체스코 드라고(Francesco Drago) 교수는 1980년과 1987년 두 차례에 걸쳐 인터뷰를 통해 측정된 자존감 테스트를 활용해 1988년 시점에서 연봉을 조사했다. 자존감 테스트에서 중앙치 이하인 사람들과 중앙치 이상인 사람들로 나누어 각각의 연봉을 계산해 보았더니, 다음과 같은 결과가 나왔다.

프란체스코 드라고 박사의 연구 결과

조사 연도	1980년		1987년	
자존감	중앙치 이하	중앙치 이상	중앙치 이하	중앙치 이상
1988년 기준 임금(센트)	781	888	763	914

이 결과에 따라 자존감은 임금과 밀접하게 연관되어 있다는 사실을 알 수 있다. 자존감이 높은 사람일수록 수입이 높았던 것이다. 생각해 보면 이 결과는 그다지 의외라고 보이지 않는다. 자존감이 높은 사람은 자기를 소중하게 생각하기 마련이다. 자기를 사랑하면 소중한 자기를 위해 열심히 일할 수 있다. 그래야 자기가 행복한 생활을 할 수 있다고 믿기 때문이다. 자기를 사랑할수록 허투루 살 수 없고 최선을 다하며 살게 된다.

그런 점에서 자기 비하적인 태도를 보이며 자기를 혐오하는 사람은 일에 최선을 다하지 않는다. 될 대로 되라는 식으로 사는 사람은 열심히 일해 봤자 달라질 게 없다고 생각해 일이 우습게 느껴지기 때문이다. 일에 최선을 다하지 않으니 근무 태도가 불량하고 업무 평가도 나빠진다. 그러면 연봉 협상을 할 때 임금이 올라갈 리 없다.

우선 자기를 사랑하라. 내가 소중한 사람이라고 생각하면 내 일에 진지하게 매진할 수 있다. 성실하게 일하면 누군가 보고 있다가 좋게 평가해 준다. 누군가는 성실하게 할 일에 최선을 다하는 사람을 눈여겨보고 있다.

난 멋져
?
?

심리 실험 69

'회사를 위해 일한다'는 사람보다 '자신을 위해 일한다'는 사람이 업무 실적이 더 좋다고?

미국 멤피스대 R. 에드워드 버쇼 박사의
'업무 몰입도에 미치는 다양한 요인 실험'

회사 구성원이 회사를 위해 피와 땀을 다 바쳐서 회사를 성장시키던 때가 있었다. 회사의 발전과 나의 발전을 동일시하던 시절이었다. "다 함께 잘살아 보세"를 외치던 시대에는 이러한 분위기가 통할 수 있었지만 이제는 시대가 변했다. 어느 정도 생활 수준이 올라온 지금 회사나 조직이 '집단을 위한 개인의 희생'을 여전히 기대하고 있다면 단단히 착각에 빠져 있다고 말해 주고 싶다. 그럼 사고방식을 어떤 방향으로 바꿔야 할까? 미국 멤피스대학교의 R. 에드워드 버쇼 박사가 영업사원 1,300명을 대상으로 벌인 설문 조사에서 그 답을 얻어 보자.

회사를 위해 이 한 몸 바치겠다는 각오로 일하는 게 직장인의 미덕처럼 여겨지던 시대가 있었다. 그러나 회사를 위해 일해서는 안 된다. 회사를 위해 희생한다는 사고방식은 옳지 않다. '나를 위해 일하는 게' 정답이고 그래야 회사에도 이득이 된다. 그렇다면 왜 자기를 위해 일하는 게 득이 될까?

자기를 소중하게 생각하면 진심으로 일에 매진할 수 있기 때문이다. "회사를 위해 열심히 일하라"라는 말을 들으면 직접적으로 와닿지 않아 의욕이 솟아나지도 않는다. 그런데 '나를 위해서'라고 생각하면 정신이 번쩍 든다.

소니 창업자 중 한 사람인 모리타 아키오(盛田昭夫)는 신입사원에게 "자신을 위해 일하라!"라고 독려했다는 이야기를 들은 적이 있다. "회사는 일하기 싫다는 사람을 억지로 끌고 와서 부리는 곳이 아니다. 너 자신을 위해 최선을 다해 일하라. 그것이 회사에도 보탬이 된다"라는 취지의 이야기를 매년 신입사원 입사식에서 했다고 한다.

미국 테네시주 멤피스대학교의 R. 에드워드 버쇼(R. Edward Bashaw) 박사는 16개 회사에서 일하는 영업사원 1,300명을 대상으로 설문 조사를 하여 유효 응답 560개를 얻었다. 그 결

회사를
위해
일하자
나를
위해
일하자

과 '회사를 위해 일하는' 사람보다 '자기를 위해 노력하는' 사람이 영업사원으로서 좋은 실적을 냈다는 사실을 알게 되었다. 자기를 위해 최선을 다하는 사람이 영업 능력도 뛰어나고 고객과 우호적인 관계를 구축하는 기술이 있으며 경쟁사의 상품 지식을 갖추고 계획성과 결단력도 우수했다.

왜 자기를 위해 노력하는 사람이 더 좋은 실적을 낼까? 자신의 출세, 승진으로 이어진다고 생각하면 자연스럽게 동기가 부여되기 때문이다. 자기를 위해서라면 영업 능력을 갈고닦으며 열심히 공부해서 상품 관련 지식을 늘려야 겠다는 마음이 든다.

반면 '회사를 위해 일하는 사람'은 자기 기술을 굳이 더 발전시키고 싶은 마음이 들지 않는다. 나는 일개 영업사원일 뿐 내가 없다고 회사가 돌아가지 않는 건 아니라고 생각하기 때문이다. 더 노력해서 회사에 이바지해 봤자 눈으로 확인할 수 있는 이익이 바로 돌아오는 건 아니기에 열심히 일할 필요성이 느껴지지 않는다.

회사를 위해 열심히 일해 봤자 곧바로 이익이 되어 돌아오지 않는다면 대개 의욕을 상실한다. 나 혼자 이리 뛰고 저리 뛰며 일한다고 해서 달라질 게 없다는 마음이 싹트기 마련이다.

반대로 '자기를 위해 열심히 일한다면' 결과가 눈에 보이는 형태로 바로 나타난다. 일에 소홀해지면 업무 평가가 떨어지고 출세와 거리가 멀어지지만 노력하면 노력한 만큼 성과가 나온다. 그래서 더 열심히 하자는 생각에 이를 악물고 노력하게 된다.

'회사를 위해 이 한 몸 바치겠다'는 마음은 갸륵하나 그런 마음으로는 일에 매진할 수 없다. 그러니 앞으로는 '나를 위해 일하자'라고 생각하자. 그게 훨씬 현명한 일이다.

심리 실험 70

우리 마음이 행복한 기억보다 불행한 기억에 더 많이 좌우되는 심리학적 근거는?

미국 미네소타대 앤드류 마이너 박사의 '긍정적인 사건과 부정적인 사건이 기분에 미치는 영향 연구'

가정, 직장, 학교 등 일상에서 우리는 끊임없이 긍정적인 사건이나 부정적인 사건을 마주한다. 긍정적인 사건은 당연히 우리 기분을 들뜨고 행복하게 하고 부정적인 사건은 우리 기분을 한순간 바닥에 처박는다. 만일 긍정적인 일과 부정적인 일이 같은 날 벌어졌다면 우리 기분은 어떨까? 많이 경험해 봤듯이, 아무리 좋은 일이 있었더라도 안 좋은 일 하나가 그날 기분을 좌우해 버리곤 한다. 우리 기분은 부정적인 방향에 끌려가는 경향이 강하다. 긍정적인 일 다섯 가지가 있었다고 해도 부정적인 일 한 가지가 기분을 다운시키는 것이다.

생각만 해도 신나는 일과 떠올리기만 해도 어깨가 축 처지고 시무룩해지는 일 중 어떤 일이 우리 심리에 더 큰 영향을 줄까? 답은 후자다. 우리 마음은 '긍정적인 일'보다 '부정적인 일'에 많이 끌리곤 한다. 예를 들어 어느 날 직장에서 상사에게 칭찬을 받았다거나 평소에 마음에 두고 있던 선배에게 데이트 신청을 받은 가슴 설레는 일이 있었다. 그런데 바로 그날 실수를 저질러서 몹시 혼이 났다거나 누군가 나를 험담하는 것을 듣는 등 우울해지는 일도 있었다.

같은 날 우연히 벌어진 두 가지 상황 중 어느 쪽이 우리 심리에 더 큰 영향을 미칠까? 꺼림칙한 일일수록 여운이 길다. 좋은 일이 있었지만 뒤이어 나쁜 일이 생기면 우리 기분은 완전히 가라앉는다.

미국 미네소타대학교의 앤드류 마이너(Andrew G. Miner) 박사는 어느 조명회사 직원 41명에게 무선호출기(삐삐)를 건네고 하루에 네 번 불규칙한 시간에 연락했다. 직원들은 호출기가 울릴 때 일어난 일과 당시 기분을 기록했다. 이후 기록을 모아 분석해 보니, 동료에게 음료수를 얻어먹거나 상사에게 격려받은 것과 같은 긍정적인 일이 부정적인 일보다 세 배에서 다섯 배 더 자주 일어났다는 사실을 알게 되었다. 행복한 사건과 불행한 사건 중 행복한 사건이 압도적으로 많았던 것이다.

그런데 기분에 영향을 미치는 건 부정적인 사건 쪽이었다. 긍정적인 일보다 부정적인 일이 다섯 배나 더 기분과 밀접한 연관이 있었다. 긍정적인 사건이 일어났다고 해서 반드시 기분이 좋아진다는 법은 없다. 기분이 날아갈 듯 좋아질 때도 있고 그냥저냥 넘어갈 때도 있다. 그런데 부정적인 사건이 일어나면 십중팔구 기분이 불쾌해지거나 우울해졌다.

우리 기분은 부정적인 방향으로 끌려가기 쉬운 경향이 있다. 기쁨보다 불쾌감을 더 자주 느끼는 건 그 때문이다. 실제로는 긍정적인 일이 더 자주 일어난다. 그러니 '나는 운이 없는 인간이라 불쾌한 일만 일어난다'라는 생각은 잘못된 믿음이다. 긍정적인 일이 훨씬 더 많이 일어나고 있다는 사실을 기억해 두자.

심리 실험 71

음악을 들으며 일하면 눈에 띄게 능률이 오른다고?

미국 매사추세츠공과대 로널드 멜잭 박사의 '통증 조절 전략 실험'

지루하게 반복해야 하는 일이라든지, 끝날 기미가 보이지 않는 일을 참고 해내야 할 때가 있다. 또는 신체적 고통을 그저 견딜 수밖에 없는 순간도 있다. 이렇게 애써 참아 내야 하는 상황에 맞닥뜨렸을 때 이를 잘 넘기도록 도움을 줄 수 있는 게 뭐 없을까? 미국 매사추세츠공과대학교의 연구원 로널드 멜잭 박사는 음악이 우리 주의를 분산시켜 고통스러운 일을 참아 내는 데 도움이 될 것이라는 가설을 세운 후 실험으로 증명했다. 옛날 사람들이 힘들고 반복적인 농사일을 하면서 '노동요'를 지어 부르곤 하던 것이 과학적으로도 효과가 있다는 말이다.

누구에게나 하고 싶지 않지만 꾹 참고 무언가를 해야 할 때가 있다. 예를 들면 일. '일을 사랑하는' 사람은 그다지 많지 않다. 더구나 청소나 마당 잡초 뽑기처럼 '되도록 하고 싶지 않은 일'은 얼마든지 있다.

그런데 이렇게 고통스러운 일을 해야 할 때는 음악을 들으며 하는 게 좋다는 연구 결과가 있다. 공부를 싫어하는 사람은 좋아하는 음악을 들으며 해 보자. 그렇게 고통스럽게 느껴지지 않는다. 한여름 뙤약볕 아래에서 제초 작업을 해야 할 때도 음악을 들으면 의외로 끝까지 해낼 수 있다.

미국 매사추세츠공과대학 심리학과에서 박사 후 연구원으로 있을 때 로널드 멜잭(Ronald Melzack) 박사는 고통스러운 일도 음악을 들으며 하면 음악이 주의를 분산시켜 참을 수 있다는 가설을 세우고 실험으로 증명했다. 연구팀은 차가운 얼음을 가득 채운 양동이에 손을 푹 집어넣고 어느 정도 참을 수 있는지를 실험했다. 손가락이 얼얼하다 못해 떨어져 나갈 것 같이 느껴지는 온도였다. 쉽게 버틸 수 있는 온도는 아니었다.

절반의 참가자에게는 이어폰으로 음악을 들으며 버티게 했다. 그러자 음악을 들은 참가자들은 제법 오랜 시간을 버틸 수

있었다. 다른 그룹 참가자들은 이어폰을 끼고는 있었지만 음악은 들려주지 않았다.

"이어폰에서 인간이 감지할 수 없는 소리가 나와서 고통을 누그러뜨려 준다."

음악을 들려주는 대신 이렇게 알려 주었으나 실제로는 아무 소리도 나오지 않았다. 어차피 거짓말이었으니 오래 버틸 리가 없었다.

괴로운 일을 해야 할 때는 그 괴로움에 무뎌지도록 음악을 듣는 게 현명하다. 음악을 들으면 음악에 정신이 팔려 괴로운 상황에 신경을 덜 쓰게 된다. 아픔과 괴로움을 완전히 없앨 수는 없어도 어느 정도는 누그러뜨릴 수 있다.

그러고 보면 치과에 가면 진료실에서 음악이 흘러나올 때가 있다. 치아 치료에는 통증이 동반되는 경우가 많다. 긴장을 풀어 주는 음악이 들리면 통증도 줄어들 수 있다. 이런 배려나 연구는 환자에게 도움이 될 수 있다.

일이 싫은 사람도 만약 회사에서 음악을 금지하지 않는다면 좋아하는 음악을 들으면서 일하면 좋다. 불성실하다는 인상을 줄 수도 있지만, 본인의 '일에 대한 거부감'을 줄여 줄 수 있어 오히려 생산성이 향상될 수 있으니 바람직한 방법이 아닐까.

심리
실험
72

체중이 많이 나가는 아기일수록 지능 검사에서 높은 점수를 받을 확률이 높다?

영국 에든버러대 수잔 셴킨 교수의
'아기 몸무게와 지능 간 관계 실험'

포동포동 살이 오른 아기는 귀엽기만 한 것이 아니라 지능도 높을 수 있다는 연구 결과가 있다. 영국 에든버러대학교의 수잔 셴킨 교수는 출생 당시 체중이 2,500그램 이상인 표준 체중 아기를 대상으로 한 연구를 재분석한 결과, 체중이 무거운 아기일수록 생후 37~42주에 실시한 지능 검사에서 높은 점수를 받는 경향이 있음을 확인했다. 그렇다면 무조건 아기 몸무게를 늘리기만 하면 아기 머리가 좋아진다는 말일까? 아기가 신체적, 정신적, 지능적으로 성장하는 데 가장 신경 써야 하는 것은 무엇인지 살펴보자.

미숙아 연구를 통해 체중이 적게 나갈수록 지적 발달이 더디다는 사실이 알려졌다. 신체 발달이 뒤처지기 쉬운 미숙아는 두뇌 발달도 뒤처지는 경향이 있다. 그렇다면 표준 체중의 아기는 어떨까? 체중과 지적 발달에는 어떤 관계가 있을까? 체중이 많이 나가는 토실토실한 우량아가 지적 발달이 빠를까?

영국 에든버러대학교의 수잔 셴킨(Susan Shenkin) 교수는 표준 체중 아기(출생 당시 체중이 2,500그램 이상)를 대상으로 한 여섯 개 연구를 다시 분석했다. 그러자 체중이 무거운 아기일수록 생후 37~42주 아기를 대상으로 한 지능 검사에서 높은 점수를 받는 경향이 있음을 알게 되었다. 쉽게 말해 포동포동 살이 오른 우량아일수록 머리가 좋다는 말이다.

"우리 아기는 먹는 게 다 살로 가나 봐요. 왜 이렇게 살이 찔까요?"

"벌써 이렇게 무거워서 다리가 버티기는 할까요. 어디 걸음마나 제대로 하겠어요?"

부모는 아이가 너무 말라도 걱정하고 너무 살이 쪄도 걱정한다. 그러나 또래 아기들보다 조금 더 포동포동한 정도로는 걱정할 필요 없다. 오히려 지적 발달이 빠르다니 기뻐하자.

그렇지만 무턱대고 아기 몸무게를 늘린다고 머리가 좋아진다는 말이 아니다. 토실토실 젖살이 오른 아기는 부모가 그만큼 아기에게 신경을 써서 좋은 음식을 많이 먹였기 때문이라고 볼 수 있다. 영양가 있는 음식을 골고루 챙겨 먹이는 부모가 기른 아기일수록 포동포동 살이 올라 복스러운 아기로 자랄 수 있다.

또 아기가 있는 공간을 청결하게 유지한다거나, 아기 앞에서는 담배를 피우지 않는다거나, 텔레비전 소리가 시끄럽게 들리는 곳에서 재우지 않는 등 여러모로 신경을 써서 돌보는 부모가 기른 아기일수록 스트레스 없이 자랄 수 있다. 그런 아기도 역시 토실토실 살이 오른다. 즉 토실토실한 아기일수록 머리가 좋다는 말은 그만큼 부모가 아기를 위해 이런저런 신경을 쓰고 공들여 돌본다는 뜻으로 해석할 수 있다. 세심한 보살핌을 받는 가정에서 자란 아기일수록 지적 발달이 빠른 것은 당연한 이치 아닐까.

부모가 아기를 제대로 돌보지 않는다거나 영양가 있는 식사를 챙겨 먹이지 않는다면 신체 발육도 뒤처져서 살이 오를 수 없다. 이렇게 자란 아기는 지적 발달도 늦될 수밖에 없다. 결론은 부모가 얼마만큼 아기를 위해 헌신하는지가 중요하다는 것이다.

심리 실험 73

바보짓을 함께하면 친밀도가 높아지고 관계가 좋아진다는데?

미국 뉴욕주립대 바버라 프레일리 박사의
'우스꽝스러운 경험을 공유함으로써
친밀감을 높일 수 있는지 여부 실험'

오래전 학교 다닐 때를 떠올려 보면, 학년이 올라가 새로운 반에서 새 친구들과 서먹한 관계가 이어질 때쯤 선생님이 서로를 잘 알기 위한 방법으로 자기소개와 장기자랑을 시키곤 했다. 함께 웃고 즐기던 그 시간이 지난 후 아이들 사이에 부쩍 친해진 느낌이 형성되었다. 이렇게 바보 같기도 하고 엉뚱하기도 한 짓을 공유하면 사람 사이 거리가 줄어들며 관계가 돈독해진다는 연구가 있다.

미국 뉴욕주립대학교의 바버라 프레일리 박사는 서로 전혀 모르는 사람들끼리 조를 짜서 함께 우스꽝스러운 일을 하게 했다. 그러자 그들 사이에 상당한 친밀감이 형성되는 것을 확인할 수 있었다.

예전에는 학교나 직장에서 상당히 친밀한 인간관계로 엮여 있었다. 그리고 어느 학교와 직장이든 일부러 바보처럼 말하고 행동하는 익살꾼 역할을 맡은 사람이 있어서 함께 바보 같은 짓을 하는 동안 자연스럽게 친해졌다. 반면 요즘 사람들은 상대적으로 얌전해졌다고 봐야 할지, 예전처럼 바보 같은 소동을 잘 벌이지 않는다. 그 때문인지 몰라도 인간관계가 전반적으로 냉랭하다는 인상을 받을 때가 많다.

인간은 바보 같은 짓을 함께하면서 엄청나게 친해질 수 있다. 그러니 때로는 체면 따위 잊고 바보 같은 짓을 벌여 보면 어떨까? 나는 매우 오래 전부터 인간들이 무리 지어 행해 온 '축제'도 본래 사람들이 더 친해지기 위해 바보 같은 소동을 함께 벌일 구실로 만들어졌다고 믿는다. 거나하게 취해서 서로 바보 같은 소동을 벌이는 동안 사람 사이 거리가 줄어들며 관계가 깊어질 수 있기 때문이다.

미국 뉴욕주립대학교의 바바라 프레일리(Barbara Fraley) 박사는 서로 안면이 없는 동성 참가자끼리 조를 짜서 함께 바보 같은 일을 하는 실험을 기획했다. 한 사람이 빨대를 입에 문 상태로 다른 사람에게 댄스 스텝을 알려 주는 일인데, 빨대를 입에 물고 전달하는 사람은 제대로 발음하지 못해 괴상한 소리로 댄스 스텝을 지시할 수밖에 없다. 빨대를 입에 물고 꽥꽥대며 답답해 하는 상대를 보며 전달받는 사람이 웃지 않고 버틸 수 있겠는가.

이렇게 바보 같은 행위를 함께 즐긴 후 '상대방에게 어느 정도 친밀감을 느꼈나?'라고 묻자 상당한 친밀감을 느꼈다는 대답이 돌아왔다. 한편 대조군 참가자들은 지루하기 짝이 없는 작업을 함께 하도록 설정했는데, 이 그룹은 당연히 친밀감이 높아지지 않았다.

다른 사람과 친해지고 싶다면 바보 같은 행동을 함께해 보자. 점잖은 태도를 지키기만 해서는 다른 사람과 친해질 수 없다. 예전 회사 단체 여행에서는 바보 같은 짓을 하는 사람이 꼭 있었다. 그런 행동이 허용되는 분위기가 있었다. 노천탕이라고 착각하고 호텔 연못에 들어갔다는 무용담 등이 오래도록 전해진다. 덕분에 다 같이 친해질 수 있었다. 요즘에는 회사 단체 여행 자체가 사라지는 추세라 안타깝다.

핼러윈이든 크리스마스든 봄철 꽃놀이든 파티는 좋은 일이다. 적극적으로 참가하고 즐기자. 평소와는 다른 내 모습을 보이고 다 같이 우스꽝스러운 차림으로 어울려 놀다 보면 인간관계가 깊어질 수 있다.

심리 실험 74

'물건'을 위해 돈을 쓸 때보다 '경험(추억)'을 위해 돈을 쓸 때 만족도가 훨씬 높다고?

미국 콜로라도볼더대 리프 판 보벤 교수의
'물건 · 경험에 돈을 쓰는 것과 행복과의 관계 실험'

내가 원하는 물건을 사는 데도 돈이 들고 내가 원하는 것을 경험하는 데도 돈이 들어간다. 물건도 사고 경험도 쌓고, 두 가지 모두를 할 여유가 있으면 왜 고민하겠는가. 그러나 둘 중 한 가지만 선택해야 한다면 나를 더 행복하게 만드는 돈 쓰기는 어느 쪽일까? 꿈에서도 그리던 물건을 가짐으로써 얻는 만족이 상대적으로 클 수도 있고, 여행이나 학습 등의 경험을 가짐으로써 얻는 만족을 더 크게 느끼는 사람도 있을 것이다. 개인 성향의 차이를 충분히 고려하더라도, 일반적으로 사람은 물건보다는 경험이나 추억에 돈을 쓸 때 더 만족한다고 한다.

현명하게 돈을 쓰고 싶다면 '물건보다 추억'이라는 공식을 머릿속에 넣어 두자. 쇼핑 자체를 즐기는 사람도 물론 있겠지만, 기본적으로 사람은 '물건'에 돈을 쓰는 것으로는 근본적인 행복을 얻지 못한다.

'쓸데없는 데 돈을 썼네.'

'도대체 이걸 왜 샀을까.'

후회하면서 같은 실수를 반복하곤 한다. 그래서 '물건'에 돈을 쓰는 건 현명한 소비가 아니라고 할 수 있다. 그런 점에서 형태는 남지 않아도 '경험과 추억이 되는 곳'에 돈을 쓰는 건 아주 합리적인 소비가 될 수 있다. 가령 자기계발 세미나 참가비나 학원 또는 인터넷 강의 수강료 등은 좋은 아이디어다. 혹은 여행에 돈을 쓰는 것도 나쁘지 않다. 그런 곳에 돈을 쓰면 사람은 행복한 기분을 느낄 수 있기 때문이다.

미국 콜로라도볼더대학교의 리프 판 보벤(Leaf Van Boven) 교수는 전화번호부에서 무작위로 고른 1,279명에게 인터뷰를 요청했다. 돈을 쓴다면 어느 정도로 행복해질지 묻는 인터뷰였다. 이 인터뷰로 다음과 같은 결과를 얻었다.

리프 판 보벤 교수의 조사 결과

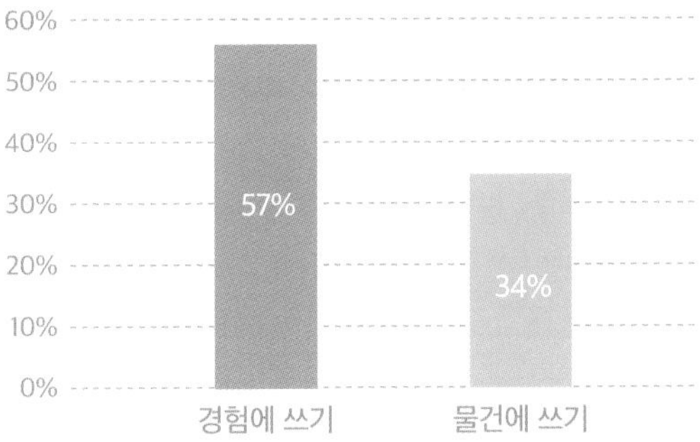

※ 수치는 '행복해질 수 있다고 생각한다'라고 답한 사람의 비율을 나타낸다.

우리는 '물건보다 무언가 경험할 수 있는 일'에 돈을 써야 행복해질 수 있다는 사실을 경험적으로 알고 있다. 물건을 사면 그 물건이 남는다. 경험이나 추억에 돈을 쓰면 아무것도 남지 않는다. 하지만 무언가 새로운 경험을 하거나 둘도 없는 소중한 추억을 얻으면 우리는 매우 행복한 기분을 느낄 수 있다.

심리 실험 75

마음껏 웃기만 해도 키가 커진다는데, 과연 사실일까?

미국 캘리포니아주 로마린다대 리 버크 교수의
'키 성장과 스트레스 간 관계 실험'

우리나라에서는 키가 큰 것을 선호하는 경향이 강하다. 그래서 아이 키 성장과 관련된 산업이 꾸준히 호황을 누리고 있다. 사실 키 성장을 좌우하는 것은 유전적 요인이 가장 클 것이다. 그러나 유전적 요인은 노력으로 바꾸기 힘든 부분이므로 영양 보충과 운동 방법 등으로 최대한 할 수 있는 노력을 기울이곤 하는 것이다.
그런데 키를 크게 하는 방법 중 무척 즐거운 한 가지 방법이 있다고 한다. 즐거운 방법이란 과연 무엇일까? 바로 '실컷 웃는 것!' 농담처럼 들리는 이 방법은 미국 캘리포니아주 로마린다대학교의 리 버크 교수가 실험으로 증명한 사실이다.

키가 쑥쑥 크기를 바라는 사람이 많다. 매일 우유를 마시면 키가 큰다거나 농구를 하면 키가 큰다거나 하는 키에 관한 온갖 미신이 나돌고 있는데, 정말로 효과가 있는지는 그 누구도 장담할 수 없다. 우리 뼈는 칼슘으로 이루어져 있어 칼슘이 풍부한 우유를 마시면 어쩌면 키가 클 수도 있다. 그러나 나는 영양 전문가가 아니라서 진실 여부는 알 수 없다. 하지만 키가 커지는 방법이라면 한 가지 알고 있다. 바로 실컷 웃기.

'뭐야?! 웃기만 해도 키가 커진다고? 거짓말?!'

선뜻 믿어지지 않겠지만, 실험으로 증명된 사실이다.

미국 캘리포니아주 로마린다대학교의 리 버크(Lee S. Berk) 교수는 스트레스나 긴장을 안고 있으면 키가 크지 않는다는 사실에서 발상을 뒤집어 스트레스를 줄이면 키가 커질 수 있다는 가설을 세웠다. 가설을 입증하기 위해 남자 대학생을 모아 절반에게는 코미디 영화를 보여 주고 나머지 절반에게는 아무것도 하지 않은 조건에서 혈액 샘플을 채취했다.

그러자 코미디 영화를 보고 배꼽 빠지게 웃은 그룹에서는 혈액 중 코르티솔이 급격히 감소한다는 사실이 밝혀졌다. 코르티솔은 '스트레스 호르몬'이라고도 부르는 물질이다. 코르

Comic Movie

티솔이 감소한다는 것은 긴장이 풀린 편안한 상태로 볼 수 있다. 연구팀은 코미디 영화를 본 후에는 성장 호르몬이 분비된다는 사실도 추가로 밝혀냈다. 성장 호르몬은 말 그대로 '키를 키우는 호르몬'으로 널리 알려져 있다.

만약 키가 작아서 고민이라면 코미디 영화를 실컷 보는 게 정답이 될 수 있다. 한 가지 더 알짜 정보를 덧붙인다면, 성장 호르몬은 사춘기 청소년뿐 아니라 어른에게도 필요한 호르몬이다. 성장 호르몬은 키를 키울 뿐 아니라 신체 균형을 조절해 주는 등의 이로운 작용을 하는 호르몬이다. 어쨌든 실컷 웃으면 충분하니 코미디 영화는 물론 만화, 재미있는 동영상 등도 같은 효과를 기대할 수 있다.

심리 실험 76

곱상한 얼굴보다 우락부락한 얼굴의 남성이 여성에게 훨씬 인기 있는 건 왜일까?

싱가포르매니지먼트대 캐서린 밸런타인 박사의
'데이트에서 선호되는 남성 얼굴 실험'

요즘 인기 많은 남성 연예인을 보면 자그마하고 갸름한 얼굴형인 경우가 압도적으로 많다. 성형수술이나 화장으로 얼굴을 정돈하는 남성도 부쩍 늘어 자기를 꾸미는 데 남녀 구분이 없어진 듯한 느낌이 들 정도다. 사람들의 취향과 선호도가 완전히 바뀌었다는 것인데, 그렇다면 결혼까지 생각하는 상대를 고를 때에도 이러한 취향을 적용할까? 얼마 전까지만 해도 물질적으로든 정서적으로든 믿음을 줄 수 있는 느낌의 남성이 남편감으로 인기가 좋았다. 믿음직해 보이는 얼굴이란 어떤 느낌일까?
싱가포르매니지먼트대학교의 캐서린 밸런타인 박사의 스피드 데이트 실험 결과를 지켜보자.

남성은 사춘기를 맞이할 무렵 이목구비에 변화가 나타난다. 사춘기에 접어들면 테스토스테론(남성호르몬)이 어느 정도 분비되는지에 따라 윗입술부터 눈썹까지의 길이가 달라진다. 일반적으로 테스토스테론이 많이 분비되지 않는 남성은 여성적이고 갸름한 얼굴이 되고, 테스토스테론이 많이 분비되는 남성은 광대뼈가 발달하며 옆으로 넓은 얼굴이 된다.

싱가포르매니지먼트대학교의 캐서린 밸런타인(Katherine A. Valentine) 박사는 스피드 데이트 실험에 참여한 남성의 얼굴 생김새를 조사해 여성에게 인기 있는 남성을 파악했다.

스피드 데이트는 한 사람씩 각자 3분 동안 말하고 나서 데이트할지 말지를 결정하는 방식으로 진행했다. 고작 3분으로 사람을 판단할 수 있겠냐는 생각이 들지만 의외로 제법 많은 것을 알아낼 수 있다. 3분 동안 이야기해 보면 상대의 인품이나 장래성 등을 비교적 정확하게 판단할 수 있다. 그런데 이 스피드 데이트 실험에서 재미있는 사실이 밝혀졌다. 얼굴 세로 길이와 가로 너비를 조사했더니 옆으로 넓은 얼굴(남성적 얼굴)인 사람이 여성들에게 매력적으로 보이고 한 번 더 만나 보고 싶다는 평가를 받는 경향을 보였다. 갸름하고 곱상한 얼굴(여성적 얼굴)이 인기가 있을 것 같지만 여성들의 취향은 달랐다. 우락부락하다고 해야 할지, 듬직하다고 해야 할지 말 그대로 남성적 얼굴이 실제로는 인기를 끌었다.

연구팀은 남성적 얼굴인 사람일수록 사회에 나가 성공할 확률이 높기 때문이라고 분석했다. 남성적 얼굴을 가진 사람은 테스토스테론 분비가 활발해 선이 굵고 각진 남자다운 얼굴이 된다. 남성호르몬 분비가 많으면 경쟁을 즐기고 적극적인 성격이 될 가능성이 크다. 이런 사람은 승부 근성이 강해 경쟁에서도 지지 않으니 금전적으로 풍요로워질 확률도 높아질 수 있다.

연구팀이 추정한 바에 따르면, 여성은 마음 한구석에서 경제적으로 믿음직한 남성을 원하기 때문에 그런 생김새의 남성이 성공하기 쉽다는 사실을 직감적으로 간파한다고 했다. 남성을 볼 때 중요한 부분은 얼굴 생김새, 특히 옆으로 넓은 남성적 얼굴인지로 판단한다는 게 연구팀의 분석이다.

'여자들이 나 같이 너부데데한 얼굴을 좋아할 리 없지.'

'무뚝뚝한 인상인 내게 여자들은 말도 잘 안 붙여.'

이렇게 자기 얼굴을 탓하는 남성들이 있다. 그러나 여성은 남자다운 얼굴의 남성을 좋아한다는 사실이 실험으로 증명되었다. 충분히 자신감을 가져도 되지 않을까.

심리 실험 77

'자칭 미인'이 '진짜 미인'보다 행복지수가 더 높다고?

미국 일리노이대 에드워드 디너 교수의
'신체적 매력과 주관적 행복감의 관계 실험'

앞서 자존감과 관련해서 살펴보았듯이, 나 스스로 나를 사랑하고 인정하고 자랑스러워하는 것이 내 삶에 가장 큰 영향을 미친다. 내가 나 자신과 내 외모와 내 능력에 충분히 만족하면 타인이 옆에서 나를 두고 내리는 평가는 그다지 중요하지 않다.
미국 일리노이대학교의 에드워드 디너 교수는 남성과 여성 221명을 대상으로 자기 매력을 스스로 평가하게 하면서 삶의 만족도를 조사했다. 또 판정단 10명을 선정해 참가자들의 신체적 매력을 객관적으로 검증하게 했다. 디너 교수의 조사는 과연 어떤 재미있는 결과를 알려 주었을까?

잘생긴 남성이나 예쁜 여성은 여러모로 득을 본다. 쇼핑할 때 가게 직원은 미남, 미녀에게 친절하게 다가가 말을 걸고, 식당에서는 부르지 않아도 주문을 받으러 오고, 직장에서는 상사가 얼굴만 보고도 기억하고 예뻐해 준다. 반면 잘 생기고 예쁜 얼굴을 타고나지 못한 사람은 주위 사람들이 떠받들어 주지 않는다. 그러다 보니 마음속에 울분이 쌓일 수 있다. 미남, 미녀는 미모로 득을 보며 살아 인생에 불만을 느낄 필요가 없다. 그래서 그들의 인생 만족도는 매우 높다고 예상할 수 있다.

미국 일리노이대학교의 에드워드 디너(Edward F. Diener) 교수는 남성과 여성 221명을 대상으로 자기 매력을 스스로 평가하게 했다. 말하자면 '자칭 미남', '자칭 미녀'의 점수를 매겨 달라고 부탁했다. 그리고 실험 참가자의 증명사진을 찍어서 10명의 판정단에 보여 주고 매력을 객관적으로 판단하게 했다. 뒤이어 실험 참가자들에게 이렇게 질문했다.

"당신은 자기 인생에 어느 정도 만족하십니까?"

"어느 정도 행복하십니까?"

데이터 분석 결과 판정단이 '매력적'이라고 판단한 사람일수록 인생 만족도와 행복도가 높다는 사실을 알게 되었다. 역시 객관적으로 보기에 잘생기고 예쁜 사람들은 삶의 만족도가 높았다. 그런데 연구팀은 더 재미있는 사실 한 가지를 발견했다. 다른 사람들이 매력적이라고 평가해 주지 않아도 스스로 자기를 매력적으로 생각하는, 즉 '자칭 미남', '자칭 미녀'의 인생 만족도가 더 높다는 사실이다. 객관적인 평가가 어떻든 본인의 믿음이 인생 만족도에 영향을 준 것이다. 설령 객관적으로는 '잘생기지 않은 사람' 범주에 들어가는 사람이라도 만약 자기 스스로 '나는 잘생기고 예쁘지'라고 믿는다면 그 사람은 자기 인생에 만족할 수 있다. 자기 인생에 만족하는 사람은 행복한 인생을 살 수 있을 터이다. 그런데 객관적으로 '잘생긴 사람'으로 분류되더라도 스스로 '매력적이지 않다'라고 믿으면 그 사람은 삶에 만족하지 못하고 행복을 느낄 수도 없다.

인생을 즐겁게 살기 위해 자기 자신을 적절히 속이는 게 필요하지 않을까? '나는 눈이 휘둥그레질 정도로 매력적인 사람'이라고 자신에게 속삭이며 진심으로 그렇게 믿는다면 즐거운 인생을 살 수 있다는 사실을 기억하자.

심리 실험 78

꿈이 큰 사람일수록 불행해지기 쉽다는데?

미국 로체스터대 팀 캐서 박사의
'큰 꿈을 가진 사람일수록
더 불행해질 수 있다는 사실에 관한 실험'

"그게 꿈이야? 너무 소박하잖아! 자고로 꿈은 크게 가지라고 하잖아!" 이런 말을 흔히 듣는다. 꿈을 크게 가져야 그것을 이루기 위한 구체적 계획을 세우며 노력하게 된다는 의미에서 이해가 간다. 그런데 진짜 꿈은 커야만 하고 클수록 좋은 것일까? 미국 로체스터대학교의 팀 캐서 박사는 그렇지 않다고 단호하게 말한다. 캐서 박사는 꿈을 크게 가질수록 더 불행해질 수 있다고 하며, 이를 조사 결과로 보여주었다. 캐서 박사의 분석을 보며 내가 가진 꿈이 나를 짓누르지는 않는지, 내가 감당할 만한 것이지 점검하면 좋겠다.

커다란 꿈을 품고 살아가는 것은 기본적으로는 바람직한 현상이다.

'나는 앞으로 엄청나게 유명한 사람이 될 테다!'

'사람들은 감히 꿈도 못 꾸는 비싼 수입차 여러 대를 몰고 다니는 사람이 될 거야!'

꿈이 동기를 부여해 의욕이 솟아난다. 꿈이 없는 사람은 그저 타성에 젖어 일할 수밖에 없다. 미국의 교육자이며 식물학자인 윌리엄 클라크(William S. Clark)가 "소년이여, 야망을 가져라!(Boys, be ambitious!)"라고 했듯이 젊은 사람은 큰 꿈을 가져야 한다고 부르짖는 게 일반적으로 긍정적으로 받아들여지고 있다.

그런데 이런 사회 통념에 이의를 제기하는 심리학자가 있다. 미국 뉴욕주 로체스터대학교의 팀 캐서(Tim Kasser) 박사다. 캐서 박사는 "아메리칸 드림을 가질수록 사람은 불행해진다"라는 가설을 세웠다. 캐서 박사가 그렇게 생각한 이유는 간단하다. 큰 꿈은 달성하기 어렵기 때문이다. 아무리 노력해도 꿈을 이룰 수 없으면 대개 사람은 실의에 빠진다. '나는 한심한 인간'이라는 무력감에 시달리고 마음의 상처로 인해 몸과 마

음 건강을 해칠 수도 있다.

캐서 박사는 실제로 대학이 자리한 도시의 가정을 대상으로 설문 조사를 진행했다. 그 결과 '금전', '외모', '사회적 인정', '출세' 등 32가지 항목에서 큰 꿈을 가진 사람일수록 '삶의 원동력'이나 '활기'를 상실하고 '신체 질환(편두통이나 권태감 등)'을 느끼는 경우가 많다는 결과를 얻었다.

큰 꿈을 가지는 게 좋다는 건 그저 환상일 뿐이며 오히려 자신을 괴롭히는 일이라고 연구팀은 분석했다. 큰 꿈을 가질 게 아니라 작은 목표를 세워 차근차근 달성하며 기쁨을 맛보는 게 자신에게 이롭다. 그럴 때 훨씬 행복한 인생을 살 수도 있다. '큰 집에 살고 싶다'거나 '비싼 차를 타고 싶다'는 열망이 강하면 좁은 집에 사는 현실에 불만이 생기고 작은 차를 타고 다니는 자신이 초라하게 느껴진다. 그런 점에서 큰 꿈이 없는 사람은 좁은 집에서도 행복하게 잘 살고 연비가 좋은 작은 차를 합리적인 선택이라 생각하며 잘 타고 다닌다.

큰 꿈을 가지는 게 무조건 좋지 않다고 말하는 게 아니다. 다만 그 꿈 때문에 괴로운 것은 아닌지 잠시 자기 마음의 소리를 들어 보자. 꿈이 있어서 괴롭다면 그 꿈은 자기에게 너무 큰 꿈일 수 있다. 꿈이 버겁다면 더 작은 꿈으로 바꾸는 등 유연하게 대응하는 게 현명하다.

심리 실험 79

죽음에 직면하는 경험은 우리의 인생에 어떤 영향을 미칠까?

미국 애리조나주립대 리처드 키니어 교수의
'죽음을 직면함으로써 얻을 수 있는 긍정적인 변화 실험'

사고를 당하거나 심각한 병을 앓아서 죽기 직전에 다다랐다 다행히 다시 건강을 되찾은 사람들이 주위에 제법 있다.
미국 애리조나주립대학교의 리처드 키니어 교수는 죽음에 직면한 경험이 인생에 어떠한 영향을 주는지 조사했다. 연구팀은 죽음 가까이 갔다 돌아온 사람들을 찾아내 그들에게 '죽음을 직면한 이후 무엇이 바뀌었나'라고 물었다. 어떤 대답이 나왔을까? 새롭게 주어진 선물 같은 삶에 무한히 감사하며 매사 긍정적인 삶의 태도를 갖게 되었을까? 아니면 결국 한순간에 생명이 끊어지고 이 세상에서 사라지고 마는 허무한 삶을 마음 내키는 대로 살아가겠다고 했을까?

누구라도 갑자기 죽는 것을 원하지 않을 테지만 '죽다 살아나는' 정도라면 한 번쯤 경험해 보는 게 나쁘지 않을 수 있다. 죽음을 느끼면 이후 인생에 큰 영향을 주기 때문이다.

미국 애리조나주립대학교 심리학과의 리처드 키니어(Richard T. Kinnier) 교수는 죽음에 직면한 경험이 우리 인생에 어떠한 영향을 주는지 조사했다. 연구팀은 죽음에 직면했다 살아 돌아온 사람을 찾아냈다. 자동차 사고를 당하거나 암 수술을 받거나 다이빙 도중 사고를 당하거나 심장 발작으로 쓰러진 사람 등이었다. 그리고 이들에게 "죽음을 직면한 이후 무엇이 바뀌었나요?"라고 물었다. 죽음과 마주했던 사람들은 입을 모아 '긍정적인 변화'가 있었다고 인정했다.

- 돈이나 재산에 관심이 없어졌다.
- 타인을 향한 배려와 봉사 정신이 생겨났다.
- 일상의 자잘한 일로 속을 끓이며 걱정하거나 고민하지 않게 되었다.
- 미래를 낙관적으로 바라볼 수 있게 되었다.

죽음 가까이 갔다 오는 경험을 하면 우리는 돈을 위해 아등바등 일하는 게 부질없음을 깨닫게 된다. 돈보다 다른 사람과 어울리며 교감하는 시간이 훨씬 중요하다는 사실을 알게 되고 가족과 연인과 함께하는 시간이 중요함을 진심으로 느끼게 된다. 또 사소한 일로 애를 태우거나 고민하지 않는다. 한 번 죽었다 살아나면 어지간한 일로는 고민하지 않게 된다.

'돈을 더 벌고 싶어.'

'큰 집에 살고 싶어.'

이런 욕심도 말끔히 사라지고 맨밥에 달걀프라이만 올려 먹어도 진수성찬처럼 느껴질 수 있다. 죽다 살아나는 경험은 매우 위험한 것이다. 그러한 경험 이후 인생이 아무리 긍정적으로 변화했다고 하더라도 일부러 아슬아슬하게 죽기 직전까지 자신을 몰아갈 필요는 없고 몰아가서도 안 된다.

심리 실험 80

비뚤어진 성격도 나이를 먹으면 달라진다고?

뉴질랜드 오클랜드대 페터 밀로예브 박사의
'나이 듦에 따른 성인의 성격 변화 실험'

예민하고 신경질적인 성격으로 자신은 물론 가족 모두를 피곤하게 하던 부모님이 흰 머리카락이 점점 늘어가는 것과 함께 날카로웠던 성격이 많이 누그러지는 걸 목격한 경험이 있을 것이다. 나 자신도 되돌아보면 어린 시절, 사춘기 시절, 20대 · 30대 등을 거치며 성격이 점점 또는 완전히 변했다는 것이 느껴진다. 타고난 성격이 평생 지속되는 것도 같고 완전히 바뀌는 것도 같은데, 어떤 게 맞을까?
뉴질랜드 오클랜드대학교 페터 밀로예브 박사가 1만 명을 대상으로 6년 동안 추적 연구를 통해 나이 변화에 따른 성격 변화를 조사했다. 어떤 결과가 나왔을지 궁금하지 않은가?

젊은 시절에는 작은 일에 바들바들 떨며 성질을 부리던 사람도 나이를 먹으면 신경을 쓰는 것 자체가 귀찮아지는지 될 대로 되라는 마음으로 내버려 두는 게 많아진다. 이렇듯 나이가 들면서 성격에 변화가 나타날 수 있다.

'나는 평생 이렇게 깐깐한 성격대로 살려나…….'

'타고난 성격은 못 고친다는데…….'

예민한 성격 탓에 속을 끓이는 사람도 있다. 그러나 안심하자. 나이를 먹으면 모난 성격도 둥글둥글 수더분해진다는 심리 실험 연구가 있으니 말이다.

뉴질랜드 오클랜드대학교의 페터 밀로예브(Petar Milojev) 박사는 성격이 나이를 먹으며 변화하는지 아니면 안정적으로 달라지는지 연구했다. 각 세대를 6년 동안 추적 조사한 이 연구의 참여한 인원은 1만 명이 넘었다.

밀로예브 박사의 연구 결과 신경질적인 성격은 나이를 먹으면서 점점 온화해진다는 사실을 알게 되었다. 20대, 30대 시절에는 작은 일에도 발끈하고 신경질을 내던 사람이라도 40대, 50대, 60대가 되면서 점점 성질을 부리는 빈도가 줄어들었다. 역시 인간은 나이를 먹으면 대범해지는지 사사건건

꼬투리를 잡거나 불평불만을 이야기하지 않게 된다. 화를 내는 것 자체가 차츰 귀찮게 느껴지는데, 이는 나이가 들면서 생기는 긍정적인 변화라고 할 수 있다.

최근 노화 방지용 음식과 건강식품, 상품이 쏟아져 나오고 있다. 그래서인지 나이 드는 것을 나쁜 일로 받아들이는 사람도 늘고 있다. 그러나 나이를 먹으면 성격이 차분해지고 어지간한 일에는 마음이 흔들리지 않으며 번뇌가 줄어들 수 있다. '노성(老成)하다'라는 한자어가 있다. 연륜이 쌓여 세상일에 노련하고 익숙해졌음을 뜻하는 말이다.

연구팀은 다른 성격에 관해서도 나이에 따른 변화를 조사했다. 예를 들면 사교성. 사교성은 사춘기가 되면 급격히 떨어진다. 어려서는 누구에게나 씩씩하게 인사하고 붙임성 있던 꼬마가 사춘기를 맞이하면 낯을 가리고 쑥스러운지 사람들을 피하는 모습을 보인다. 그러다 어느 정도 어른이 되면 원래대로 돌아온다.

또 신중함도 나이에 따라 변화하는 성격이다. 신중함은 스무 살을 넘으면서 점점 올라가 안정적으로 높은 상태를 쭉 유지한다. 청소년 시절에는 무모한 일을 곧잘 벌이던 사람도 대개 스무 살이 넘으면 말썽이 줄어들고 신중해지는 경향을 보인다. 중고생 시절에는 불량스럽게 오토바이를 타고 다니던 친구가 스무 살을 넘기자 순한 양처럼 얌전해지는 모습을 종

좀 볼 수 있다.

'성격은 팔자지. 내 성격은 평생 못 고칠 거야…….'

타고난 성격으로 고민할 필요 없다. 우리 성격은 나이와 더불어 변화하고 평소 마음가짐만으로도 충분히 바꿀 수 있기 때문이다.

심리 실험
81

최고의 선택을 하기 위해 애쓴 사람보다 마음을 약간 비우고 까다롭지 않게 선택한 사람이 만족도가 훨씬 높은 이유는?

미국 컬럼비아대 쉬나 아이엔가 교수의
'최고를 찾으려는 노력과 만족도와의 관계 실험'

작은 물건 하나를 고를 때에도 수십 가지 선택지를 놓고 고민하면서 가장 좋은 것을 사기 위해 노력하는 사람이 있다. 이는 '노력과 시간을 최대한 쏟아부었으니 나의 선택은 최고일 수밖에 없지'라는 자기 욕심일 수 있다. 과연 그런 노력 끝에 손에 쥔 물건이나 사람에 100퍼센트 만족할까? 그 만족을 얻기 위해 그렇게 노력했으나 실제로는 만족하지 못한다. 왜 그런 것일까? 자기가 들인 노력에 비례해 자기 만족의 수준 또한 하늘 끝까지 높아져 있기 때문이 아닐까? 매사에 힘을 잔뜩 주고 살아가는 것은 너무 피곤하다. '이런저런 것을 고려했을 때 이 정도면 충분해. 나는 내 선택을 후회하지 않겠어'라고 생각하며 고른 후 더는 미련 갖지 않는 게 마음 편하다.

어떤 물건을 살 때 되도록 좋은 물건을 적당한 가격에 사기 위해 인터넷을 뒤져 철저하게 정보를 수집하는 꼼꼼한 소비자가 있다. 이런 사람은 확실히 최고의 소비를 할 수 있다. 그러나 자기 쇼핑 결과에 엄청나게 만족하는지 물으면 고개를 가로저을 확률이 높다. 나중에 더 검색해 보니 더 괜찮은 물건이 나와서 자기 조사가 부족했던 것을 후회하느라 불만이 폭발하는 중일 수도 있다.

'결혼한다면 최고의 상대를 찾아서 해야지.'

결혼할 때도 물건을 고르듯 배우자를 까다롭게 고르는 사람이 있다. 이런 사람 역시 행복한 결혼생활을 하기 어렵다. 최고의 상대를 찾으려 하면 할수록 최종적으로 자기가 선택한 사람에게 만족할 수 없기 때문이다. 다른 사람이 더 나았을지 모른다는 생각이 언제나 마음 한구석에 도사리고 있어 자기가 선택한 배우자에게 100퍼센트 만족할 수 없다.

쇼핑할 때 적당한 기준으로 슬렁슬렁 물건을 고르는 사람이 최종적으로 자기가 선택한 상품에 만족한다. 결혼 상대를 고를 때도 '이 사람은 성격에 모난 데가 없어. 이 정도면 됐지'라는 마음으로 선택한 사람이 배우자에 대한 만족도가 높다.

가능한 선에서 최대한 꼼꼼하게 정보를 수집하거나 오랜 시간 심사숙고를 거쳐 최고를 선택한다는 건 좋은 작전이 아니다. 그래야 더 좋은 선택을 할 수 있을 것 같겠지만 그로 인해 자기 만족감이 낮아진다면 아무 소용 없는 일이 된다.

미국 뉴욕주 컬럼비아대학교의 쉬나 아이엔가(Sheena S. Iyengar) 교수는 11개 대학에 다니는 대학생의 구직 활동을 조사했다. 대학은 대학 순위와 인지도, 학생 수 등이 제각각이었다. 최고의 직장을 찾아서 취업하겠다는 야심 찬 계획을 세운 학생도 있었고, 반대로 뽑아 주는 곳이라면 어디든 상관없다는 학생도 있었다.

'최고의 선택'에 집착한 학생은 욕심을 부리지 않은 학생보다 초임 급여가 20퍼센트 높은 회사에 취업하는 데 성공했다. 이것만 놓고 보면 계획이 성공했다고 할 수 있다. 그런데 만족도를 조사했더니 자기가 들어간 회사에 만족하지 못한다는 사실이 밝혀졌다. 자기가 선택해 놓고는 정말로 이 회사에 계속 다녀도 괜찮을지 고민하며 진심으로 만족하지 못하고 있었다.

어느 정도는 대충 사는 게 좋다. 그게 우리가 행복해지는 길이다. 자기에게 주어진 것을 기꺼이 받아들이는 사람이 높은 만족도를 가지게 되는 법이다. 아무리 최악이라고 여겨진 선택이라도 나중에 생각해 보면 그 순간의 결단이 틀리지 않았다는 생각이 들 때가 제법 많다. 명문대에 합격하지 못했다거

나 내로라하는 기업에 취업하지 못했다고 해서 주눅 들거나 고민할 필요 없다. 그 일이 오히려 자기 삶의 득이 되어 돌아오는 일이 현실에서는 자주 일어나기 때문이다.

후기

끝까지 읽어 주신 독자에게 감사의 마음을 전한다.

'재미있는 심리학 이야깃거리'를 소개하고 싶어 이것저것 그러모으다 보니 다소 두서없는 구성이 되었다는 아쉬움이 남는다. 산으로 갔다 바다로 갔다 하는 통에 읽기 힘들었던 독자도 있으리라. 이 자리를 빌려 사죄의 인사를 드리고 싶다.

이 책에서는 일과 휴식을 중심으로 두면서도 교육, 연애, 정치, 건강, 미용 등 다양한 이야기를 말 그대로 백화점식으로 다루어 보았다. 왜 이렇게 중구난방으로 잡다한 내용을 채웠을까? 굳이 변명하자면 심리학이라는 학문 자체가 다양성이 풍부한 학문이기 때문이다.

똑같이 '심리학'이라는 간판을 내걸고 연구하면서도 개와 비둘기만 몇십 년씩 연구하는 심리학자도 있고, 올곧게 경제학을 파고들며 수리 계산만 하는 심리학자도 있다. 세계 곳곳의 다양한 나라에 가서 현지인과 어울리며 연구비로 무엇을 하는지 도무지 알 수 없는 심리학자도 있다.

어쨌든 심리학의 매력은 넓은 시야, 풍부한 다양성에 있다는 게 내 생각이다. 그래서 최대한 넓은 분야의 소재를 수집했다. 맥락 없이 동떨어진 내용을 짜깁기한 책처럼 느껴지는 건 그래서다.

나는 심리학이라는 학문을 사랑한다. 그 단 하나의 이유 때문에 20년도 훌쩍 넘는 시간을 심리학자로 살아 왔다. '심리학이란 정말로 재미있는 학문'이라는 사실을 여러분에게 알리기 위해 전작 『세상에서 가장 재미있는 88가지 심리실험 – 자기계발편』을 썼다. 이 책은 그 책의 속편 격이다. 심리학에는 재미있는 이야깃거리가 차고 넘쳐 소재를 모으는 데 조금도 애를 먹지 않았다. 만약 독자 여러분의 반응이 좋다면 세 번째 책도 쓸 계획이니, 많은 기대와 응원을 부탁드린다.

이 책을 쓰며 소고호레이출판 편집부 구보키 유야(久保木勇耶) 씨에게 많은 신세를 졌다. 이 자리를 빌려 감사 인사를 드리고 싶다. 내가 맥락 없는 이야기를 두서없이 늘어놓아 편집에 애를 먹었다. 요리조리 순서를 바꾸는 등 여러모로 구성에 신경을 써 주신 편집자의 공이 컸다. 만약 이 책을 읽으며 책장이 술술 넘어갔다면 모두 편집자 덕분이다.

마지막으로 독자 여러분에게도 감사 인사를 전한다. 마지막까지 함께해 주셔서 진심으로 감사하다. 이 책을 읽고 '심리학이란 생각보다 재미있는 학문'이라는 생각이 들었다면 저자로서 더할 나위 없는 기쁨이 될 것이다.

또 만나는 그날까지.

나이토 요시히토

참고 문헌

Abele, A. E., & Spurk, D. 2009 How do objective and subjective career success interrelate over time? Journal of Occupational and Organizational Psychology, 82, 803-824.

Armstrong, J. S. 1998 Are student ratings of instruction useful? American Psycologist, 53, 1223-1224.

Bashaw, R. E., & Grant, E. S. 1994 Exploring the distinctive nature of work commitments: Their relationships with personal characteristics, job performance, and propensity to leave. Journal of Personal Selling & Sales Management, 14, 41-56.

Bendersky, C., & Shah, N. P. 2013 The downfall of extraverts and rise of neurotics: The dynamic process of status allocation in task groups. Academy of Management Journal, 56, 387-406.

Berger, J., Meredith, M., & Wheeler, S. C. 2008 Contextual priming: Where people vote affects how they vote. Proceeding of the National Academy of Sciences of the USA, 105, 8846-8849.

Bering, J. M. 2006 The cognitive psychology of belief in the supernatural. American Scientist, 94, 142-149.

Berk, L. S., Tan, S. A., Fry, W. F., Napier, B. J., Lee, J. W., Hubbard, R. W., Lewis, J. E., & Eby, W. C. 1989 Neuroendocrine and stress hormone changes during mirthful laughter. American Journal of Medical Sciences, 298, 390-396.

Blackmore, S. J. 1997 Probability misjudgment and belief in the paranormal: A newspaper study. British Journal of Psychology, 88, 683-689.

Bohns, V. K., & Flynn, F. J. 2010 "Why didn't you just ask?" Underestimating the discomfort of help-seeking. Journal of Experimental Social Psychology, 46, 402-409.

Bosson, J. K., Johnson, A. B., Niederhoffer, K., & Swan, W. B. Jr. 2006 Interpersonal chemistry through negativity: Bonding by sharing negative attitudes about others. Personal Relationships, 13, 135-150.

Brown, A. S., Bracken, E., Zoccoli, S., & Douglas, K. 2004 Generation and remembering passwords. Applied Cognitive Psychology, 18, 641-651.

Castledine, G. 1996 Nursing's image: It is how you use your stethoscope that counts! British Journal of Nursing, 5, 882.

Chaplin, W. F., Philips, J. B., Brown, J. D., Clanton, N. R., & Stein, J. L. 2000 Handshaking, gender, personality, and first impression, Journal of Personality and Social Psychology, 79, 110-117.

Chatterjee, A., & Hambrick, D. C. 2008 It's all about me: Narcissistic chief executive officers and their effects on company strategy and performance. Administrative Science Quarterly, 52, 351-386.

Chen, P., Myers, C. G., Kopelman, S., & Garcia, S. M. 2012 The hierarchical face: Higher ranking lead to less cooperative looks. Journal of Applied Psychology, 97, 479-486.

Diener, E., Wolsic, B., & Fujita, F. 1995 Physical attractiveness and subjective well-being. Journal of Personality and Social Psychology, 69, 120-129.

Dondi, M., Simon, F., & Caltran, G. 1999 Can newborns discriminate between their own cry and the cry of another newborn infant? Developmental Psychology, 35, 418-426.

Drago, F. 2011 Self-esteem and earnings. Journal of Economic Psychology, 32, 480-488.

Dunning, D., Johnson, K., Ehlinger, J., & Kruger, J. 2003 Why people fail to recognize their own incompetence. Psychological Science, 12, 83-87.

Ein-Dor, T., Reizer, A., Shaver, P. R., & Dotan, E. 2012 Standoffish perhaps, but successful as well: Evidence that avoidant attachment can be beneficial in professional tennis and computer science. Journal of Personality, 80, 749-768.

Epley, N., & Dunning, D. 2000 Feeling "Holier than thou": Are self-serving assessments produced by errors in self or social prediction? Journal of Personality and Social Psychology, 79, 861-875.

Finkelstein, S. R., & Fishbach, A. 2012 Tell me what I did wrong: Experts seek and respond to negative feedback. Journal of Consumer Research, 39, 22-38.

Fraley, B., & Aron, A. 2004 The effect of a shared humorous experience on closeness in initial encounters. Personal Relationships, 11, 61-78.

Gneezy, U. 2005 Deception: The role of consequences. American Economic Review, 95, 384-394.

Gonsalkorale, K., & Williams, K. D. 2007 The KKK won't let me play: Ostracism even by a despised outgroup hurts. European Journal of Social Psychology, 37, 1176-1186.

Gonzalez-Mule, E., Carter, K. M., & Mount, M. K. 2017 Are smarter people happier? Meta-analyses of the relationships between general mental ability and job and life satisfaction. Journal of Vocational Behavior, 99, 146-164.

Haran, U. 2013 A person-organization discontinuity in contract perception: Why corporations can get away with breaking contracts but individuals can not. Management Science, 59, 2837-2853.

Hartman, A. A., Nicolay, R. C., & Hurley, J. 1968 Unique personal names as a social adjustment factor. Journal of Social Psychology, 75, 107-110.

Hass, R. G. 1984 Perspective taking and self-awareness: Drawing an E on your forehead. Journal of Personality and Social Psychology, 46, 788-798.

Helliwell, J. F., & Wand, S. 2014 Weekends and subjective well-being. Social Indicators Research, 116, 389-407.

Hyman, I. E. Jr., Boss, S. M., Wise, B. M., McKenzie, K. E., & Caggiano, J. M. 2010 Did you see the unicycling clown? Inattentional blindness while walking and talking on a cell phone. Applied Cognitive Psychology, 24, 597-607.

Ittersum, K. V., & Wansink, B. 2012 Plate size and color suggestibility: The Delboeuf illusion's bias on serving and eating behavior. Journal of Consumer Research, 39, 215-228.

Iyenger, S. S., Wells, R. E., & Schwarts, B. 2006 Doing better but feeling worse. Looking for the "Best" job undermines satisfaction. Psychological Science, 17, 143-150.

Janakiraman, N., Meyer, R. J., & Hoch, S. J. 2011 The psychology of decisions to abandon waits for service. Journal of Marketing Research, 48, 970-984.

Jonas, E., Schimel, J., Greenberg, J., & Pyszczynski, T. 2002 The Scrooge effect: Evidence that mortality salience increases prosocial attitudes and behavior. Personality and Social Psychology Bulletin, 28, 1342-1353.

Kasser, T., & Ryan, R. M. 1996 Further examining the American dream: Differential correlates of intrinsic and extrinsic goals. Personality and Social Psychology Bulletin, 22, 280-287.

Kazdin, A. E., & Klock, J. 1973 The effect of nonverbal teacher approval on student attentive behavior. Journal of Applied Behavior Analysis, 6, 643-654.

Keizer, K., Lindenberg, S., & Steg, L. 2008 The spreading of disorder. Science, 322, 1681-1685.

Kesebir, S., & Oishi, S. 2010 A spontaneous self-reference effect in memory: Why some birthdays are harder to remember than others. Psychological Science, 21, 1525-1531.

Kinner, R. T., Tribbensee, N. E., Rose, C. A., & Vaughan, S. M. 2001 In the final analysis: More wisdom from people who had faced death. Journal of Counseling and Development, 79, 171-177.

Kuhnel, J., & Sonnentag, S. 2011 How long do you benefit from vacation? A closer look at the fade-out of vacation effects. Journal of Organizational Behavior, 32, 152-143.

Larson, C. L., Arnoff, J., Sarinopoulos, I. C., & Zhu, D. C. 2008 Recognizing threat: A simple geometric shape activates neural circuitry for threat detection. Journal of Cognitive Neuroscience, 21, 1523-1535.

Leder, H., Forster, M., & Gerger, G. 2011 The glasses stereotype revisited. Effects of eyeglasses on perception, recognition, and impression of faces. Swiss Journal of Psychology, 70, 211-222.

Lilinfeld, S. O., Waldman, I. D., Watts, A. L., Rubenzer, S., & Faschingbauer, T. R. 2012 Fearless dominance and the U. S. presidency: Implications of psychopathic personality traits for successful. And unsuccessful political leadership. Journal of Personality and Social Psychology, 103, 489-505.

LoBue, V., Matthews, K., Harvey, T., & Stark, S. L. 2014 What accounts for the rapid detection of threat? Evidence for an advantage in perceptual and behavioral responding from eye movements. Emotion, 14, 816-823.

Martin, S. J., Bassi, S., & Dumbar-Rees, R. 2012 Commitments, norms and custard creams – A social influence approach to reducing did not attends(DNAs). Journal of Royal Society of Medicine, 105, 101-104.

Mason, M. F., Lee, A. J., Wiley, E. A., & Ames, D. R. 2013 Precise offers are potent anchors: Conciliatory counteroffers and attributions of knowledge in negotiations. Journal of Experimental Social Psychology, 49, 759-763.

Mazza, S., Gerbier, E., Gustin, M. P., Kasikci, Z., Koenig, O., Toppino, T. C., & Magnin, M. 2016 Relearn faster and retain longer: Along with practice, sleep makes perfect. Psychological Science, 27, 1321-1330.

McPherson, M., Smith-Lovin, L., & Brashears, M. E. 2006 Social isolation in America: Changes in core discussion networks over two decades. American Sociological Review, 71, 353-375.

Merikle, P. M., & Skanes, H. E. 1992 Subliminal self-help audiotapes: A search for placebo effects. Journal of Applied Psychology, 77, 772-776.

Melzack, R., Weisz, A. Z., & Sprague, L. T. 1963 Stratagems for controlling pain: Contributions of auditory stimulation and suggestion. Experimental Neurology, 8, 239-247.

Milojev, P. & Sibley, C. G. 2017 Normative personality trait development in adulthood: A 6-year cohort-sequential growth model. Journal of Personality and Social Psychology, 112, 510-526.

Miner, A. G., Glomb, T. M., & Hulin, C. 2005 Experience sampling mood and its correlates at work. Journal of Occupational and Organizational Psychology, 78, 171-193.

Miranda, D., & Claes, M. 2004 Rap music genres and deviant behaviors in French-Canadian adolescents. Journal of Youth and Adolescence, 33, 113-122.

Morewedge, C. K., & Norton, M. I. 2009 When dreaming is believing: The (motivated) interpretation of dreams. Journal of Personality and Social Psychology, 96, 249-264.

Muraven, M. 2010 Building self-control strength; Practicing self-control leads to improved self-control performance. Journal of Experimental Social Psychology, 46, 465-468.

Naftulin, D. H., Ware, J. E., & Donnelly, F. A. 1973 The doctor Fox lecture: A paradigm of educational seduction. Journal of Medical Education, 48, 630-635.

Nah, F. F. H. 2004 A study on tolerable waiting time: How long are web users willing to wait? Behavior and Information Technology, 23, 153-163.

Nathan, D. C., Geoff, M., Webster, G. D., Masten, C. L., Baumeister, R. F., Powell, C., Combs, D., Schurtz, D. R., Stillman, T. F., Tice, D. M., & Eisenberger, N. I. 2010 Acetaminophen reduces social pain: Behavioral and neural evidence. Psychological Science, 21, 931-937.

Nordgren, L. F., van Harreveld, F., & van der Pligt, J. 2009 The restraint bias. How the illusion of self-restraint promotes impulsive behavior. Psychological Science, 20, 1523-1528.

O'quin, K., & Aronoff, J. 1981 Humor as a technique of social influence. Social Psychology Quarterly, 44, 349-357.

Oswald, A. J., Proto, E., & Sgroi, D. 2015 Happiness and productivity. Journal of Labor Economics, 33, 789-822.

Peters, B. L., & Stringham, E. 2006 No Booze? You may lose: Why drinkers earn more money than nondrinkers. Journal of Labor Research, 27, 411-421.

Quine, L. 2001 Workplace bullying in nurses. Journal of Health Psychology, 6, 73-84.

Redelmeier, D. A., & Tversky, A. 1996 On the belief that arthritis pain is related to the weather. Proceedings of the National Academy of Sciences of the United States of America, 93, 2895-2896.

Scheibehenne, B., Mata, J., & Todd, P. M. 2011 Older but not wiser-Predicting a partner's preferences gets worse with age. Journal of Consumer Psychology, 21, 184-191.

Shenkin, S. D., Starr, J. M., & Deary, I. J. 2004 Birth weight and cognitive ability in childhood: A systematic review. Psychological Bulletin, 130, 989-1013.

Shu, S. B., & Carlson, K. A. 2014 When three charms but four alarms: Identifying the optimal number of claims in persuasion settings. Journal of Marketing, 78, 127-139.

Stack, S., & Gundlach, J. 1992 The effect of country music on suicide. Social Forces, 71, 211-218.

Stevenson, B., & Wolfers, J. 2009 The paradox of declining female happiness. National bureau of Economic Review Working Paper, No. 14969, May.

Thomas, M., & Tsai, C. I. 2012 Psychological distance and subjective experience: How distancing reduces the feeling of difficulty. Journal of Consumer Research, 39, 324-340.

Tormala, Z. L., Jia, J. S., & Norton, M. I. 2012 The preference for potential. Journal of Personality and Social Psychology, 103, 567-583.

Trikaus, J. 1980 Preconditioning an audience for mental magic: An informal Look. Perceptual and Motor Skills, 51, 262.

Valentine, K. A., Li, N. P., Penke, L., & Perrett, D. I. 2014 Judging a man by the width of his face: The role of facial ratios and dominance in mate choice at speed-dating events. Psychological Science, 25, 806-811.

Van Boven, L., & Gilovich, T. 2003 To do or to have? That is the question. Journal of Personality and Social Psychology, 85, 1193-1202.

Wallace, H. M., & Baumeister, R. F. 2002 The performance of narcissists rises and falls with perceived opportunity for glory. Journal of Personality and Social Psychology, 82, 819-834.

Wegner, D. M., Ansfeld, M., Pilloff, D. 1998 The putt and the pendulum: Ironic effects of the mental control of action. Psychological Science, 9, 196-199.

Wegner, D. M., Wenzlaff, R. M., & Kozak, M. 2004 Dream rebound. The return of suppressed thoughts in dreams. Psychological Science, 15, 232-236.

Wesselmann, E. D., Butler, F. A., Williams, K. D., & Pickett C. L. 2010 Adding injury to insult: Unexpected rejection leads to more aggressive responses. Aggressive Behavior, 36, 232-237.

Wiseman, R., Smith, M., & Milton, J. 1998 Can animals detect when their owners are returning home? An experimental test of the 'Psychic Pet' phenomenon. British Journal of Psychology, 89, 453-462.

Zhong, C. B., Bohns, V. K., & Gino, F. 2010 Good lamps are the best police: Darkness increases dishonesty and self-interested behavior. Psychological Science, 21, 311-314.

세상에서 가장 재미있는

81가지 심리실험

일과 휴식편

1판 1쇄 발행 2024년 5월 10일
1판 2쇄 발행 2024년 5월 17일

지은이 나이토 요시히토
옮긴이 서수지
펴낸이 이재두
펴낸곳 사람과나무사이
등록번호 제2024-000012호
주소 경기도 파주시 회동길 508(문발동), 스크린 405호
전화 (031)815-7176 팩스 (031)601-6181
이메일 saram_namu@naver.com
일러스트 주노
표지디자인 박대성
인쇄·제작 도담프린팅
종이 아이피피(IPP)
영업 용상철

ISBN 979-11-88635-97-9 03180